AF314617

TABLEAUX ANALYTIQUES

DE

L'ESPRIT DES LOIS,

DE MONTESQUIEU,

SUIVIS

De la Comparaison de plusieurs principes et passages de Montesquieu
et de Blackstone.

PAR THÉODORE REGNAULT,

AVOCAT A LA COUR ROYALE DE PARIS,

PRIX : 7 fr. 50 c.

A PARIS,

CHEZ { L'AUTEUR, rue Michel-Lecomte, N°. 32.
JANET et COTELLE, Libraires, rue Saint-André-des-Arcs, N°. 55;

SE TROUVE AUSSI :

CHEZ { DELAUNAY,
PONTHIEU, } Libraires au Palais-Royal, Galeries de bois.

IMPRIMERIE DE RICHOMME, RUE SAINT-JACQUES, N°. 67;

1824.

ÉPITRE DÉDICATOIRE.

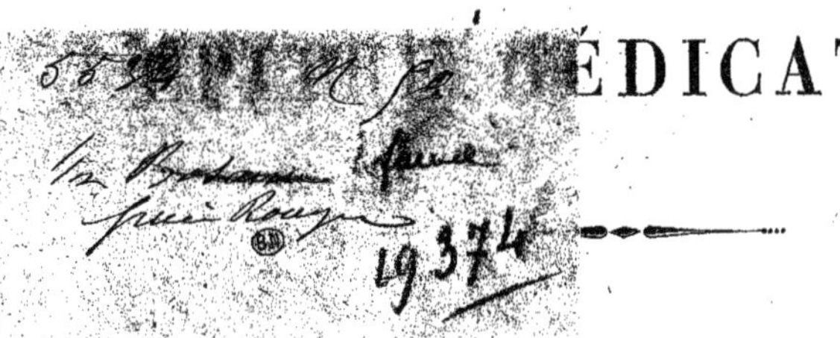

-----•-----

A M. DELCRO.

A toi, qui m'as élevé; dont l'exemple a jeté dans mon âme les germes du bien. A toi, à qui je dois ce que je sais, ce que je suis. Tu m'as confondu, dès ma plus tendre enfance, avec tes propres enfans. Affection, soins, sacrifices, tout fut égal entre eux et moi; tout, jusqu'au nom de père dont je t'ai constamment appelé, dont je t'appellerai toute ma vie. Permets que je te consacre cet essai comme un faible gage de mon active et éternelle reconnaissance. Puisse-t-il être accueilli du public avec quelque faveur, et devenir, ainsi, la plus douce récompense qu'ait à t'offrir maintenant un neveu que ton cœur a adopté et toujours regardé comme un fils.

Th. REGNAULT.

ÉPITRE DÉDICATOIRE.

A M. DELCRO.

A toi, qui m'as élevé ; dont l'exemple a jeté dans mon âme les germes du bien. A toi, à qui je dois ce que je sais, ce que je suis. Tu m'as confondu, dès ma plus tendre enfance, avec tes propres enfans. Affection, soins, sacrifices, tout fut égal entre eux et moi ; tout, jusqu'au nom de père dont je t'ai constamment appelé, dont je t'appellerai toute ma vie. Permets que je te consacre cet essai comme un faible gage de mon active et éternelle reconnaissance. Puisse-t-il être accueilli du public avec quelque faveur, et devenir, ainsi, la plus douce récompense qu'ait à t'offrir maintenant un neveu que ton cœur a adopté et toujours regardé comme un fils.

TH. REGNAULT.

BUT ET UTILITÉ

DES TABLEAUX ANALYTIQUES DE L'ESPRIT DES LOIS.

Iʟ est des Ouvrages justement appréciés, dont la célébrité plus que Nationale, plus même qu'Européenne, est, on peut le dire, Universelle. Leur éloge se trouve dans la bouche des hommes éclairés de toutes les nations; les noms de leurs immortels auteurs ne sont prononcés qu'avec un double sentiment de respect et de reconnaissance. Quiconque a reçu une certaine éducation, en parle avec une sorte de vanité, et rougirait presque de sembler ne point les connaître. Cependant, et ce n'est que trop vrai! ils sont généralement peu connus, même de ceux auxquels ils devraient être plus particulièrement familiers; et, singulière inconséquence! ceux-là, souvent, affectent d'en être les plus zélés admirateurs, qui y sont le plus étrangers.

Au nombre de ces ouvrages, et même, en première ligne, on peut, sans crainte, placer ce code de tous les Etats civilisés, l'*Esprit des Lois*. Il n'est peut-être point en France de chef-d'œuvre d'un mérite aussi unanimement reconnu, qui, pourtant, soit aussi négligé; et, l'on serait, sans doute, bien surpris, si l'on pouvait savoir combien peu de personnes instruites l'ont, non pas approfondi, mais seulement lu en entier avec le soin nécessaire pour en recueillir quelque fruit.

Je n'accuserai point, de cette coupable indifférence, cet esprit superficiel, qui nous fait souvent trouver plus de charmes dans les lectures frivoles que dans celles vraiment substantielles. Si, long-temps, on a pu douter que la légèreté française fût peu compatible avec les méditations graves, l'expérience des dix années qui viennent de s'écouler, suffirait seule pour convaincre de cette vérité que les études sérieuses conviennent autant à notre génie que les sujets légers, et que, si, en France, les circonstances ont souvent manqué aux hommes, les hommes n'ont jamais manqué aux circonstances. Ainsi, loin de nous, l'excuse spécieuse de frivolité. Je préfère en trouver une plus réelle dans une imperfection reconnue de l'ouvrage, qui, si j'en juge par moi-même, ne doit pas peu contribuer à refroidir et fatiguer le zèle du lecteur. Montesquieu, dans son *Esprit des Lois*, procéda comme font ordinairement les grands génies : pressé par la foule de choses et d'idées qu'il avait à présenter, il voulait tout dire en très-peu de mots, et resserrer dans le court espace de trois ou quatre volumes ce qui, pour tout autre, en eut exigé un dix fois plus considérable. Ecrivant sur l'Esprit, c'est-à-dire, si je puis m'exprimer ainsi, sur la partie la plus subtile des lois, et, traçant, en quelque sorte, des lois au Législateur, il voulut être plus concis que le Législateur lui-même. De là, comme on le lui a reproché, peut-être avec raison, il ne m'appartient point d'en juger; de là, *des tours forcés, un style tendu, quelquefois recherché* (1), obscur, et, par conséquent, pénible, sur-tout pour des hommes peu versés, quoique instruits d'ailleurs, dans la métaphysique et les abstractions du Droit Public. Si, à cet inconvénient, l'on ajoute, ainsi que l'a dit Voltaire, *le défaut continuel de méthode et la singulière affectation de ne mettre souvent que trois ou quatre lignes dans des chapitres* (2), qui, la plupart du temps, semblent entièrement détachés les uns des autres, et jetés, pour ainsi dire, au hasard, on concevra, jusqu'à un certain point, comment, tout en rendant à l'auteur le juste tribut d'admiration auquel il a tant de droits, on peut éprouver moins de plaisir à une lecture qui est vraiment un travail difficile.

L'objet principal, le seul même des *Tableaux Analytiques de l'Esprit des Lois* est de faciliter l'étude de cet Ouvrage, en le mettant plus à la portée des personnes auxquelles la nature de leurs idées ou leurs occupations ne permettent pas de consacrer à cette étude tout le temps qu'elle exige pour être vraiment utile. L'*Esprit des Lois* est divisé en livres; chaque livre est divisé lui-même en plusieurs chapitres. Ces chapitres ont entre eux une liaison plus ou moins intime; souvent, ils n'en présentent aucune; souvent, aussi, ils en ont une qui, bien que réelle, échappe aux lecteurs ordinaires, soit à cause de la trop grande subdivision qui détourne sans cesse leur attention, soit parce que l'inexpérience de ces matières ne leur permet pas d'apercevoir les idées intermédiaires que l'auteur leur laissait le soin de substituer eux-mêmes, trop profond à la fois et trop profondément pénétré de son sujet pour entrer dans des développemens. J'ai donc cru faire un travail utile en analysant l'ouvrage sous une forme nouvelle jusqu'à ce jour; en le rendant, en quelque sorte, sensible à la vue; en produisant, en un mot, dans autant de Tableaux qu'il existe de livres, l'ordre que Montesquieu a pu suivre dans la composition de chacun de ces livres. J'ai partagé, à cet effet, les chapitres d'un même livre en plusieurs divisions principales, et, plaçant, sous un titre commun, tous ceux qui avaient entre eux un rapport immédiat, qui étaient presque la conséquence forcée les uns des autres, j'ai cherché à établir ainsi leur enchaînement, leur filiation véritable, et à faire disparaître cette incohérence qui, le plus souvent, n'est qu'apparente. Mais aussi, quelque soin que j'aie mis à lier ces chapitres, parfois, ils m'ont semblé avoir entre eux si peu de rapport qu'il m'a été impossible de leur en supposer; et, alors, j'ai été nécessairement obligé de les présenter isolément.

Voilà pour ce qui concerne ce que j'appellerai le côté matériel du travail, l'exécution des Tableaux.

Quant à la partie analytique, je pense qu'elle pourra être d'une utilité non moins réelle. En effet, la force et l'extrême concision du style de Montesquieu, demandent une application soutenue dont tous les esprits ne sont pas également capables. La trop grande profondeur nuit parfois à la clarté, et souvent il n'en faut pas davantage pour éloigner le lecteur, quelque bien disposé qu'il soit. En vain dirait-on que ceux-là seuls lisent l'ouvrage qui le comprennent. Loin de restreindre ainsi le nombre déjà trop resserré des lecteurs, je crois, au contraire, qu'il faut chercher à l'étendre davantage par tous les moyens possibles; et que, plus cet auteur, dont on doit retirer tant de profit, peut être difficile à entendre, plus on doit faire d'efforts pour le rendre en quelque façon élémentaire.

(1) Dictionnaire historique. Notice sur Montesquieu.
(2) Siècles de Louis XIV et de Louis XV, à l'article *Ecrivains du siècle de Louis XIV*.

et familier. Je me suis donc particulièrement attaché, dans l'analyse que j'en ai faite, à m'approprier assez les idées de Montesquieu pour les traduire dans des termes moins nerveux et plus simples. J'ai pensé que je devais plus tenir à la clarté qu'à l'élégance, puisque mon travail avait moins pour objet de plaire, que de mettre à-même de s'instruire.

Voltaire, Condorcet et la plupart des commentateurs de l'Esprit des Lois, se plaignent de trouver dans cet ouvrage *trop d'exemples hasardés, pris chez de petites nations barbares ou presqu'inconnues, et de n'y jamais rencontrer un principe précis.* Souvent j'ai cru bien faire en substituant aux faits historiques les principes qu'ils renferment. Cette forme, plus didactique, est, par cela même, je le sais, plus sévère; mais, peut-être la blâmera-t-on moins lorsqu'on se rappellera que les *Tableaux Analytiques*, loin de dispenser de lire l'original, doivent, au contraire, en faciliter l'intelligence; et qu'ainsi, il peut être de quelqu'avantage de voir réduits en règles fixes des exemples dont le sens caché est quelquefois difficile à saisir.

On a été choqué des titres indéterminés donnés à plusieurs chapitres, tels que : Idée générale, Réflexions, Conséquence, Problème (1) et autres semblables; je me suis permis, mais bien rarement, et seulement lorsque l'ordre et la simplicité me paraissaient le comporter, soit de les changer, soit d'y ajouter en les conservant; comme aussi, de réunir en un seul deux ou plusieurs chapitres présentés séparément, quoiqu'ils fussent la continuation les uns des autres.

Bien que le caractère essentiel de l'analyse soit de réduire ce qui y est soumis, et de n'en exposer que la substance, il m'est cependant quelquefois arrivé de développer le texte lorsqu'il me semblait demander quelqu'explication. D'autres fois, et le plus qu'il m'a été possible, j'ai extrait littéralement des chapitres entiers dont la simplicité et la propriété d'expression étaient telles, que je n'aurais pu y faire le moindre changement sans nuire à la clarté, et, dès-lors, sans manquer au but unique que je m'étais proposé. Enfin, souvent, pour mieux me pénétrer du sens de l'original, j'ai présenté les phrases sous une construction différente, tout en employant les mots mêmes de Montesquieu.

Je dois, avant de terminer, faire connaître pourquoi je n'ai point réduit en Tableaux le dernier volume de l'Esprit des Lois, qui traite de la Théorie des Lois féodales. Ce volume entier est purement historique, et l'on conçoit sans peine l'impossibilité de livrer à l'analyse des faits qui sont déjà présentés très-succinctement, et qui sont eux-mêmes une analyse extrêmement rapide, à laquelle on ne saurait rien retrancher, parce que tout, dans ces faits, est d'une nécessité absolue. Bertolini et la plupart des auteurs qui ont analysé l'Esprit des Lois, ont pensé de même à cet égard, et ne se sont pas adonnés à l'examen des deux livres qui composent ce volume. M. Destutt de Tracy, dans son commentaire, ne s'en est point occupé davantage : *Comme ils sont purement historiques,* dit-il, *et qu'on n'en peut rien tirer pour la théorie de la formation et de la distribution des pouvoirs, ni pour celle de la formation et de la distribution des richesses, je les passerai entièrement sous silence.* Je pourrais ajouter que les lois féodales ne sont plus qu'un objet de simple curiosité, et que, si, du temps même de Montesquieu, elles n'étaient considérées dans son ouvrage que comme un épisode dont il pouvait se passer, à plus forte raison, peuvent-elles en être retranchées aujourd'hui qu'elles n'ont et ne doivent plus avoir aucune consistance. D'ailleurs notre auteur lui-même ne regardait point ces deux livres comme indispensables, car voici comment il s'exprime dans une lettre qu'il écrivait de Paris, à M. Cerati, le 28 mars 1748 : *Il faudrait, pour que mon ouvrage fût complet, que je pusse achever deux livres sur les lois féodales. Je crois avoir fait des découvertes sur une matière la plus obscure que nous ayons, qui est pourtant une magnifique matière. Si je puis être en repos à ma campagne pendant trois mois, je compte donner la dernière main à ces deux livres;* sinon mon ouvrage s'en passera.

Dire que les 21ᵉ., 27ᵉ. et 28ᵉ. livres sont aussi purement historiques, c'est assez faire connaître pourquoi ils ne sont pas non plus au nombre des Tableaux Analytiques.

A la suite des Tableaux, j'ai comparé, comme pouvant présenter un certain degré d'intérêt sous le double rapport de l'instruction et de la curiosité, plusieurs passages de Montesquieu et de Blackstone, le Montesquieu de l'Angleterre. J'ai pensé qu'on verrait avec quelque plaisir, dans ce rapprochement, la conformité parfaite d'idées de ces deux auteurs, et, par cela même, la solidité des principes qu'ils ont adoptés l'un et l'autre. Toutefois, j'ai dû faire dans Blackstone, un choix des passages qui m'ont paru les plus remarquables; car, si j'avais voulu rapporter tous ceux dans lesquels les deux publicistes se sont rencontrés, il m'aurait fallu extraire presque la valeur d'un volume entier.

On m'avait engagé à faire paraître ces Tableaux avec une nouvelle édition de Montesquieu. Je n'ai pas cru devoir suivre ce conseil, parce que j'ai pensé qu'il pourrait avoir l'inconvénient d'obliger les personnes qui, ayant déjà les œuvres de Montesquieu, auraient voulu avoir aussi les Tableaux, à se procurer l'édition nouvelle; en sorte qu'elles se seraient trouvé ou posséder deux exemplaires des ouvrages de Montesquieu, ce qui pouvait très-bien ne pas convenir à tout le monde, ou dans l'obligation de renoncer à avoir les Tableaux.

En publiant ces Tableaux, je n'ai jamais eu la prétention d'aspirer au titre d'auteur. Il n'appartient véritablement qu'à celui qui compose un ouvrage proprement dit, et mon travail ne mérite pas ce nom. J'ai voulu faire un essai, un plan d'étude; et je n'ai, en cela, d'autre mérite que l'idée, si, encore, elle est utile en soi : trop heureux de pouvoir dire : *Il arrivera possible que mon travail fera naître à d'autres personnes l'envie de porter la chose plus loin... Quoiqu'il en arrive, on m'aura toujours obligation, soit que ma témérité ait été heureuse, et que je ne me sois point trop écarté du chemin qu'il fallait tenir, soit que j'aie seulement excité les autres à mieux faire* (2).

J'espère que mes juges voudront bien, dans leur indulgence, me tenir compte de l'intention que j'ai eue d'être utile, en cherchant à répandre davantage un ouvrage dont il serait à désirer pour notre bonheur, pour celui de l'humanité même, que les principes de modération fussent généralement adoptés par nos législateurs actuels, par ceux de toutes les nations.

(1) Dictionnaire historique. Notice sur Montesquieu.
(2) Préface de La Fontaine.

Des Lois en général.

Des Lois, dans le Rapport qu'elles ont avec les divers êtres.

Les Lois, dans leur signification la plus étendue, sont les rapports nécessaires qui dérivent de la nature des choses; ce sont, en quelque sorte, des conséquences qui varient suivant leur principe, la nature des choses. Dans ce sens, tous les êtres ont leurs lois. Application de ce principe à *Dieu* dans ses rapports avec l'univers comme créateur et comme conservateur; *au monde matériel*, dont les mouvemens ont des lois invariables, sans lesquelles il ne saurait subsister; *aux intelligences supérieures à l'homme*, c'est-à-dire à une raison primitive et à ce qui constitue le monde intelligent; *aux bêtes*, qui n'ayant pas avec Dieu de rapport plus intime que le monde matériel, ne peuvent avoir que des lois naturelles, parce qu'elles sont unies par le sentiment, et n'ont pas de lois positives, parce qu'elles ne sont point unies par la connaissance; à *l'homme*, qui, comme être physique, est, ainsi que les autres corps, gouverné par des lois invariables; et qui, comme être intelligent, est gouverné par les lois de la religion, instituées par Dieu; par celles de la morale, faites par les philosophes, et par les lois politiques et civiles, établies par les législateurs.

Les Lois en général peuvent être divisées en deux espèces :

Lois de la Nature.				Lois Positives.		
1re. LOI.	2e. LOI.	3e. LOI.	4e. LOI.	1°. DROIT DES GENS.	2°. DROIT POLITIQUE.	3°. DROIT CIVIL.
La paix, qui aurait pris sa source dans le premier sentiment de l'homme, celui de sa faiblesse, et, par suite, celui de la crainte.	*La Loi de sa conservation,* dont l'origine aurait été le second sentiment de l'homme, celui de ses besoins, et, par suite, le désir de les satisfaire.	*Le Rapprochement des hommes,* opéré par les marques d'une crainte réciproque, le plaisir qu'un animal éprouve à l'approche d'un animal de son espèce, et l'attraction des sexes l'un vers l'autre.	*Le désir de vivre en société,* qui aurait pris naissance dans le désir de mettre en commun, pour l'avantage de tous, les connaissances particulières que chacun aurait acquises.	*Origine de chacun de ces droits, et Principes des lois qui leur sont propres.*		

L'établissement de ces trois espèces de droits a une origine identique qui est celle-ci. Les hommes, du moment qu'ils sont en société, perdent le sentiment de leur faiblesse, l'égalité cesse, l'état de guerre commence. Chaque société sentant sa force, il en résulte état de guerre de nation à nation; état de guerre aussi, dans chaque société, entre les citoyens qui, sentant de même leur force, cherchent à s'approprier les principaux avantages de la société. Ces deux sortes d'état de guerre font établir des lois parmi les hommes. Ces lois, dans le rapport que les différens peuples ont entre eux, sont ce qu'on appelle *droit des gens* : dans le rapport qu'ont les gouvernans avec les gouvernés, elles constituent le *droit politique*; enfin, dans le rapport que tous les citoyens d'un même État ont entre eux, elles forment le *droit civil.*

Principes des Lois du droit des gens. Toutes les lois qui forment le droit des gens doivent dériver de ces deux principes; 1°. que les diverses nations doivent se faire, dans la paix, le plus de bien, et dans la guerre, le moins de mal possible, sans nuire à leurs véritables intérêts. 2°. Que l'objet de la guerre doit être la conservation.

Principes des lois politiques et des lois civiles. Ces lois doivent être propres au peuple pour qui elles sont faites, et se rapporter à la nature et au principe du gouvernement établi ou à établir. Elles doivent être relatives au physique du pays, au climat, au terrain, au caractère, à la religion, aux mœurs, aux manières, etc., du peuple pour qui elles sont faites.

Des Lois qui dérivent directement de la Nature du Gouvernement.

Les premières lois fondamentales sont celles qui dérivent directement de la Nature des trois Gouvernemens, *Républicain, Monarchique* et *Despotique.*

Lois relatives à la Nature du Gouvernement

RÉPUBLICAIN.		MONARCHIQUE.	DESPOTIQUE.
La nature de ce gouvernement est que le peuple en corps ou seulement une partie du peuple a la souveraine puissance. *Il y a deux espèces de Républiques :*		La nature de ce gouvernement est qu'un seul gouverne, mais par des lois fixes et établies.	La nature de ce gouvernement est qu'un seul, sans loi et sans règle, entraîne tout par sa volonté et ses caprices.

LA DÉMOCRATIE, quand le peuple en corps a la souveraine puissance.	L'ARISTOCRATIE, quand la puissance est entre les mains d'une partie du peuple.	MONARCHIQUE — *Lois fondamentales.*	DESPOTIQUE — *Loi fondamentale.*
Lois fondamentales.	*Lois fondamentales.*		
1°. Les lois qui établissent le droit de suffrage, parce que le peuple ne peut être monarque que par ses suffrages qui sont ses volontés.	1°. Les suffrages doivent être donnés par le choix et non par le sort.	1°. Nécessité des pouvoirs intermédiaires subordonnés et dépendans. Ces pouvoirs sont la noblesse, le clergé, les villes. Ils maintiennent l'équilibre entre la puissance du monarque et celle du peuple. Ils opposent une digue à l'envahissement de l'une sur l'autre. Si l'on abolit leurs privilèges, on aura bientôt un État populaire ou un État despotique.	ÉTABLISSEMENT D'UN VISIR. Il est de la nature du gouvernement despotique que celui qui exerce seul le pouvoir le fasse de même exercer par un seul. Naturellement paresseux, ignorant et voluptueux, plus le despote a de peuples à gouverner, moins il s'occupe des affaires. Un visir, dans cet État, est donc indispensable.
2°. Les lois qui fixent le nombre des citoyens qui doivent former les assemblées, pour qu'on puisse savoir si le peuple ou seulement une partie du peuple a parlé.	2°. Les suffrages doivent être secrets pour prévenir les brigues.	2°. Nécessité d'un dépôt des lois. Ce dépôt ne peut être confié à la noblesse à cause de son ignorance, de son inattention et de son mépris pour le gouvernement civil, mais seulement aux corps politiques qui annoncent les lois quand elles sont faites, et les rappellent quand on les oublie. Ce corps dépositaire est le médiateur entre les sujets et le prince.	
3°. Le peuple doit nommer ses ministres, c'est-à-dire, ses magistrats, autrement ils ne seraient point à lui.	3°. Nécessité d'un sénat quand les nobles sont en grand nombre.		
4°. Il doit élire les membres du conseil ou du sénat par lequel, à raison de son incapacité dans la gestion des affaires, il a besoin d'être conduit, autrement il n'aurait pas de confiance en eux.	4°. Nécessité de donner une certaine influence au peuple dans le gouvernement.		
5°. Il doit être divisé par classes.	5°. Les sénateurs ne doivent point nommer aux places vacantes dans le sénat, autrement ils pourraient perpétuer les abus.		
6°. Le suffrage par le sort, et la manière de le donner.	6°. Les lois doivent tendre le plus possible à ce que l'aristocratie approche de la démocratie, c'est-à-dire, à ce que les familles aristocratiques soient peuple.		
7°. Loi qui règle et corrige le sort, mode d'élection défectueux.			
8°. Les suffrages doivent être publics, parce qu'il faut que le petit peuple soit éclairé par les principaux et contenu par la gravité de certains personnages.			
9°. Le peuple seul doit faire les lois.			

Livre 3ᵐᵉ. Du Principe des trois Gouvernemens.

La Nature d'un Gouvernement est ce qui le fait être tel, ce qui constitue son essence. Le Principe d'un Gouvernement, ce sont les passions qui le font mouvoir.

La Nature est la structure, le Principe est le ressort du Gouvernement.

VERTU.

Principe du Gouvernement républicain.

La vertu est l'amour de la patrie et de l'égalité.

De la nécessité de la Vertu dans

LA DÉMOCRATIE.

La vertu est indispensable dans la démocratie parce que les lois étant le résultat de toutes les volontés, chacun y est soumis, chacun sent qu'il en portera le poids et qu'elles peuvent être mal exécutées contre lui, s'il les exécute mal contre les autres. Aussi quand elles ont cessé d'être exécutées de la manière qu'elles doivent d'être, on peut dire que l'Etat est perdu parce que cela ne peut venir que de la corruption de la république. Lorsque la vertu n'existe plus, la liberté est anéantie, tout est dénaturé, tout change de direction, l'Etat court à sa perte et la hâte lui-même.

L'ARISTOCRATIE.

La vertu, nécessaire dans l'aristocratie, ne l'est pas autant que dans l'Etat populaire, parce que le peuple étant moins souverain, est contenu par les lois des nobles. Elle est donc principalement nécessaire pour maintenir et réprimer les nobles, parce que, ou elle les rend égaux à leur peuple et forme alors une grande république, ou elle les rend égaux à eux-mêmes et fait ainsi leur conservation.

HONNEUR.

Principe du Gouvernement monarchique.

L'honneur, qui est l'ambition et l'amour de l'estime, et dont la nature est de demander les prééminences, les rangs, les préférences, les distinctions que dispense le monarque, est le principe de la monarchie. L'ambition ne saurait être dangereuse dans ce gouvernement, parce qu'elle peut toujours y être réprimée. Elle y produit de bons effets et donne la vie à l'Etat en portant les citoyens au bien commun, lorsqu'ils croient ne servir que leurs intérêts particuliers. Cet honneur, qui, philosophiquement parlant, est un faux honneur, a les mêmes effets que l'honneur véritable. Dans ce gouvernement, l'honneur, qui règne sur le monarque comme sur le peuple, détermine l'obéissance.

La vertu, sans être exclue du gouvernement monarchique, ne peut en être le ressort, autrement elle réduirait l'Etat en république. Elle est suppléée par l'honneur, qui serait dangereux dans la république, parce que l'ambition détruirait la vertu, c'est-à-dire l'égalité.

CRAINTE.

Principe du Gouvernement despotique.

La crainte est le principe des états despotiques où le prince est tout, où sa volonté est la loi. Son pouvoir passant à ceux à qui il le confie, les grands, les Bachas doivent toujours être exposés et jugés par sa fantaisie. Le peuple au contraire doit être jugé par la loi, autrement les dépositaires du pouvoir auraient sur lui un droit illimité. S'ils cessaient d'être retenus par la crainte, tout serait perdu, le prince, et le peuple qui n'aurait plus de protecteur. L'obéissance au prince doit être passive même quand il donnerait des ordres injustes et barbares, parce que, considéré comme la loi, il ne peut se contredire. La religion seule peut être opposée à sa volonté, parce qu'elle est d'un précepte supérieur et donnée sur sa tête comme sur celle du peuple.

La vertu est inutile dans ce gouvernement, parce qu'il n'y existe ni égalité, ni lois fixes que la vertu a pour but de maintenir. L'honneur, en y introduisant l'ambition, causerait des révolutions. De même la crainte serait funeste aux gouvernemens républicains et monarchiques, parce qu'elle y introduirait insensiblement le despotisme.

Livre 4ᵉᵐᵉ. Des Lois de l'Education.

Ces Lois sont les premières que nous recevons. Elles doivent être relatives au Principe du Gouvernement, et avoir pour objet, selon l'Etat pour lequel elles sont faites, la *vertu*, l'*honneur* ou la *crainte*.

De l'Education dans le Gouvernement

MONARCHIQUE.

Dans les monarchies, c'est dans le monde et non dans les écoles, que l'on reçoit la principale éducation. Elle doit y élever le cœur, et elle y a trois principes, savoir:

Mettre dans les vertus une certaine noblesse.

L'amour de soi-même est la base des vertus en usage dans une monarchie. Les actions y sont jugées non d'après leur valeur véritable, mais d'après une valeur de convention, celle que leur donne l'honneur, qui les légitime ou les justifie toutes les fois qu'il peut y trouver quelque chose de noble. Aussi les mœurs y sont-elles moins pures que dans la république. La galanterie, la ruse, l'adulation y sont permises lorsqu'elles sont unies à une idée grande qui fait disparaître l'idée défavorable qu'elles présentent naturellement.

Mettre dans les mœurs une certaine franchise.

Par cette franchise, il faut entendre, non pas celle qui n'a que la vérité et la simplicité pour objet, comme est celle du peuple; mais celle qui, faisant paraître hardi et libre celui qui dit la vérité, lui attire, de la part de ses concitoyens, une estime basée sur cette indépendance apparente.

Mettre dans les manières une certaine politesse.

Cette politesse naît de l'envie de se distinguer. Naturalisée à la cour, elle flatte autant ceux qui sont polis que ceux envers qui ils le sont, parce qu'elle fait comprendre qu'on est de la cour ou digne d'en être.

Elle est nécessaire dans le gouvernement monarchique, parce qu'elle entretient et facilite les rapports entre les citoyens, et contribue ainsi à rendre plus aisée l'action du gouvernement.

L'honneur se mêlant partout dans une monarchie, fait, à sa fantaisie, des vertus et règle les devoirs. Il met des bornes à l'obéissance due au souverain, lorsqu'il prescrit une action qui déshonorerait. Il conduit les nobles à la guerre et la leur fait quitter, s'il est blessé. Il fait désirer ou refuser les emplois.

Il a des règles suprêmes auxquelles l'éducation est obligée de se soumettre. Les principales sont:

- qu'il est permis de faire cas de sa fortune et point de sa vie.
- qu'une fois placé dans un rang, on ne doit rien faire ni souffrir qui fasse croire qu'on s'y tient inférieur.
- que les lois de l'honneur ont plus de force que celles positives.

DESPOTIQUE.

Dans les Gouvernemens despotiques, l'éducation ne cherchant qu'à abaisser le cœur, doit être servile. L'extrême obéissance suppose de l'ignorance dans celui qui obéit et dans celui qui commande. Le but principal de l'éducation est de vivre avec les autres et de mettre ses connaissances en commun dans l'intérêt de tous. Mais, dans les Etats despotiques, chaque famille étant un empire séparé, l'éducation doit y être très-bornée. Elle se réduit à inspirer la crainte et à donner quelques principes de religion. Le savoir, l'émulation et les vertus y seraient dangereux et autant de principes de destruction.

RÉPUBLICAIN.

La vertu, dans une république, étant l'amour des lois et de la patrie, et demandant de la part de chaque citoyen une préférence continuelle de l'intérêt public au sien propre, l'éducation doit chercher à y inspirer l'amour du gouvernement. Pour que les enfans puissent l'avoir, il faut que les pères l'aient eux-mêmes; mais si les hommes faits sont corrompus, les impressions données dans la maison paternelle seront bientôt effacées.

Quelques Institutions singulières des Grecs pour inspirer la vertu.

Pour inspirer la vertu, les Grecs firent des institutions singulières. Lycurgue fut tellement convaincu de la nécessité de diriger vers le bien de l'Etat tous les sentimens et toutes les passions, qu'en choquant tous les usages reçus, en confondant toutes les vertus, en introduisant des institutions, qui paraissaient encourager le larcin, dénaturer les sentimens de la nature et de la pudeur, et ôter toutes les ressources à sa ville en proscrivant les arts, l'argent et le commerce, il donna de la stabilité à son gouvernement, parce que ces institutions avaient pour but d'entretenir et d'accroître l'austérité de mœurs et le caractère de ce peuple naturellement belliqueux et guerrier.

Pourquoi les anciens regardaient la musique comme nécessaire aux bonnes mœurs.

Tous les anciens historiens et philosophes ont regardé comme un principe de politique nécessaire aux bonnes mœurs l'introduction de la musique. Cela vient de ce que, dans les villes grecques et sur-tout dans celles qui avaient la guerre pour principal objet, les travaux et les professions qui conduisent à gagner de l'argent, étant considérés comme indignes d'un homme libre, et, par conséquent, abandonnés aux esclaves et aux peuples vaincus, on n'avait d'autres occupations que les exercices qui avaient rapport à la guerre, tels que la lutte, la course, le pugilat, etc. Dès-lors les Grecs étant regardés comme une société d'athlètes et de combattans, leurs mœurs, essentiellement dures et sauvages, avaient besoin d'être tempérées et adoucies, et la musique était un exercice très-propre à parvenir à ce résultat.

Telle est l'explication de ce paradoxe des anciens.

Les Lois que le Législateur donne doivent être relatives au Principe du Gouvernement.

Les Lois que le Législateur donne à toute la société, doivent, comme celles de l'Education, être relatives au Principe du Gouvernement.

1°. Rapport des Lois avec le Principe de la république.

La vertu, dans une république, c'est l'amour de la république, c'est un sentiment et non une suite de connaissances. Les lois doivent chercher à l'inspirer à chaque citoyen, en y rattachant, autant que possible, toutes les passions, toutes les mœurs. En effet, l'amour de la patrie et la bonté des mœurs sont indivisibles dans la république; ils exercent l'un sur l'autre une influence réciproque; si l'un est détruit, l'autre ne saurait exister.

Vertu dans la Démocratie
Et Rapport des Lois avec ce Principe.

La vertu ou l'amour de la république, dans une démocratie, c'est l'amour de la démocratie, qui lui-même est l'amour de L'ÉGALITÉ et de LA FRUGALITÉ.

L'amour de l'égalité borne l'ambition au seul bonheur de rendre à sa patrie de plus grands services que les autres: ainsi les distinctions qui proviennent de la supériorité des services et des talens, y naissent du principe même de l'égalité. Comme le bon sens consiste dans la médiocrité des talens, les lois, pour prévenir l'inégalité qui résulterait de l'introduction de distinctions trop multipliées, doivent s'attacher à former des hommes médiocres et sages. Pour aimer l'égalité, il faut que les lois l'aient établie. Si, dans les gouvernemens monarchiques et despotiques, on n'a pas même l'idée d'aspirer à l'égalité, c'est parce que chacun y tend à la supériorité.

Comment les Lois établissent l'Egalité.

Les lois établissent l'égalité par le partage égal des terres. Il ne peut avoir lieu que dans une république nouvelle; ou, lorsque l'ancienne est tellement corrompue par l'inégalité des conditions, que chacun y sent la nécessité de rétablir l'égalité par une nouvelle répartition des terres. Si ce partage, qui a pour but le maintien des mœurs, est impraticable, il faut y suppléer par des institutions qui produisent le même effet. Par l'établissement, par exemple, d'un sénat à vie, qui soit la règle et le dépôt des mœurs, et qui se soit composé d'hommes qui, par leur âge, leur caractère et leurs services, inspirent des sentimens qui seront portés dans le sein des familles. Il faut des censeurs qui veillent sur le peuple et sur le sénat. Utilité d'une extrême subordination des jeunes envers les vieillards, et de l'autorité paternelle qui remplace la force réprimante dont manque la République.

La maintiennent.

Les lois qui maintiennent l'égalité sont telles qui règlent les dots des femmes, les successions, les testamens, enfin toutes les manières de contracter, parce que, si l'on pouvait donner son bien à qui et comme on voudrait, chaque volonté particulière détruirait la loi fondamentale en déplaçant les fortunes, et en les bouleversant par l'inégalité qu'elle y introduirait.

Examen de plusieurs lois qui maintenaient le partage des terres.

L'amour de la frugalité borne le désir d'avoir à ce que demande le nécessaire pour sa famille et le superflu pour sa patrie. Les richesses détruisent l'égalité en donnant plus de puissance et de délices à ceux qui les posséderaient. Les lois doivent donc modérer les désirs, parce que le bonheur consiste dans la médiocrité de fortune. Pour aimer la frugalité, il faut qu'elle existe de fait; car ceux-là ne pourront l'aimer qui seront corrompus par les délices, ou qui envieront le luxe des autres. Il ne suffit donc pas que les portions de terre soient égales; il faut encore qu'elles soient petites: en effet, comme l'égalité des fortunes entretient la frugalité, la frugalité maintient l'égalité des fortunes; l'une ne peut exister sans l'autre. A la vérité, dans une démocratie fondée sur le commerce, il peut y avoir de grandes richesses particulières, sans que les âmes soient corrompues, parce que l'esprit de commerce entraîne avec soi celui d'économie, de modération, de travail, de sagesse. Mais les désordres de l'inégalité commenceroient dès que cet esprit est anéanti. Pour le maintenir, les lois doivent le favoriser; il doit régner seul. Les fortunes doivent être divisées à mesure que le commerce les grossit. Les pauvres et les riches doivent être mis dans une médiocrité et une aisance telles qu'ils aient besoin de travailler pour acquérir ou conserver.

Vertu dans l'Aristocratie
Et Rapport des Lois avec ce Principe.

Dans l'aristocratie, où l'inégalité des fortunes nuit à la vertu, les lois doivent chercher à donner un esprit de modération, qui est ce qu'on appelle la vertu dans ce gouvernement, et à rétablir, autant que possible, l'égalité. La modération et la simplicité des manières y font la force des nobles, parce qu'en se confondant avec le peuple et en n'affectant aucune distinction, ils lui font oublier sa faiblesse. Ils ne doivent point, comme dans la monarchie, avoir de prérogatives personnelles. Les privilèges sont pour le sénat, le simple respect pour les sénateurs.

Dans ce gouvernement, deux sources principales de désordres produisent les haines et les jalousies que les lois doivent prévenir ou arrêter,

1°. L'Inégalité extrême entre les Gouvernans et les Gouvernés.

Cette inégalité a lieu de deux manières:

1°. Lorsque les privilèges ne sont honorables que parce qu'ils sont honteux au peuple, comme, à Rome, la loi qui défendait aux patriciens d'épouser les plébéiens.

2°. Lorsque la condition des citoyens est différente par rapport aux subsides, ce qui a lieu de quatre manières:
- Lorsque les nobles n'en payent point.
- Lorsqu'ils font des fraudes pour s'en exempter.
- Lorsqu'ils les appellent à eux sous prétexte de rétributions ou d'appointemens.
- Lorsque, rendant le peuple tributaire, ils s'appliquent les impôts.

Les nobles ne doivent pas lever les tributs, parce qu'alors les particuliers seraient à leur discrétion et en proie à leur avidité. Les lois doivent leur défendre le commerce, parce qu'à l'aide de leur crédit, ils feraient toutes sortes de monopoles.

Elles doivent constamment veiller à ce qu'ils rendent justice au peuple et à ce qu'ils ne puissent se soustraire à l'exécution des lois, parce qu'alors la tyrannie menacerait.

Elles doivent établir un magistrat qui maintienne les nobles et exerce sur eux une espèce de censure; ôter entre eux le droit d'aînesse, afin que, par le partage des successions, les fortunes se remettent dans l'égalité; et proscrire les substitutions, les retraits lignagers, les majorats, les adoptions, et en général toutes lois et tous les moyens qui tendraient à perpétuer la grandeur des familles; chose nécessaire dans les monarchies, mais inutile et même dangereuse dans les républiques.

2°. L'Inégalité extrême entre les différens membres du corps qui gouverne.

Cette inégalité a lieu par les distinctions que la vanité met entre les familles, sous prétexte qu'elles sont plus nobles ou plus anciennes.

Les lois doivent continuellement chercher à bannir ces distinctions.

2°. Rapport des Lois avec le Principe de la Monarchie.

Dans la monarchie, les lois doivent se rapporter à l'honneur. Comme ce gouvernement ne peut exister sans la noblesse, elles doivent la soutenir, la rendre héréditaire, protéger les institutions qui ont pour but la grandeur des familles, telles que les majorats et celles qui maintiennent les biens dans les familles. Ces privilèges, nécessaires aux nobles dont ils font la force, ne doivent point passer au peuple, dont ils gêneraient l'industrie en gênant son commerce. Les lois doivent favoriser le commerce, afin que les sujets puissent, sans périr, satisfaire aux besoins toujours renaissans du prince et de sa cour. Elles doivent, par l'ordre qu'elles mettront dans la manière de lever les tributs, faire qu'elle ne soit pas plus pesante que les charges mêmes.

Promptitude de l'exécution.

Les affaires étant conduites par un seul, il y a, dans cet état, plus de promptitude dans l'exécution, que dans les républiques. Mais les lois doivent la tempérer par une certaine lenteur, afin de prévenir les abus qui naîtraient de la rapidité. Dans ce gouvernement, l'obéissance la meilleure sera toujours celle éclairée et réfléchie.

Excellence du Gouvernement monarchique.

Les différens ordres qui tiennent à la constitution de l'Etat et qui sont sous le prince, rendent ce gouvernement plus stable et plus inébranlable, que le gouvernement despotique. Dans les mouvemens de celui-ci, le peuple n'étant ni guidé ni retenu par un chef, se livre aux excès de son impétuosité. Il n'en est pas de même dans les monarchies. Les chefs craignent d'être abandonnés, les puissances intermédiaires ne veulent pas laisser trop prendre le dessus au peuple: alors on a recours à des tempéramens, on s'arrange, et les lois reprennent leur force. Aussi nos histoires sont-elles pleines de guerres civiles sans révolutions; celles des états despotiques sont, au contraire, remplies de révolutions sans guerres civiles. Les monarques qui vivent sous les lois de leur Etat sont plus heureux que les despotes, qui, n'ayant pas de règles fixes, ont toujours à craindre pour leur vie ou leur tranquillité. Enfin il n'y a ni magnanimité ni gloire, chez les sujets d'un despote, parce que le prince n'en a pas lui-même; le monarque, au contraire, en étant entouré, les communique à ses sujets.

Communication du pouvoir.

A la différence du despote, le monarque retient toujours plus de pouvoir qu'il n'en communique à ses officiers. Application de ce principe au gouvernement des villes et aux officiers particuliers, qui dépendent plus du prince que du gouverneur de la province, ou du général. C'est par cette raison que, ceux qui ont un gouvernement, doivent toujours être à la disposition du souverain.

Dans ce gouvernement, l'autorité ne saurait être arbitraire, parce que les lois y déterminent celle du moindre magistrat, qui est obligé de les suivre.

Présens.

L'accomplissement de ses devoirs étant commandé par l'honneur, les présens sont odieux dans le gouvernement monarchique, parce qu'ils feraient croire que celui qui les a reçus, n'a agi que par leur indolence. On n'en doit jamais faire, parce que celui à qui on ne donne rien, ne désire rien; et que celui à qui on donne peu, finira par désirer beaucoup; de là, la corruption.

Récompenses données par le souverain.

Les récompenses que donne le monarque, ne peuvent consister que dans les honneurs qui conduisent à la fortune, parce que les distinctions, que l'honneur établit, sont jointes à un luxe qui engendre les besoins. En général, les récompenses sont un signe de décadence, elles annoncent la corruption du principe du gouvernement.

Quelques nouvelles Conséquences du Principe du Gouvernement monarchique.

Dans une monarchie, les lois ne doivent point forcer les citoyens à accepter les emplois publics, parce que les magistratures y étant des témoignages d'honneur, telle est la bizarrerie de l'honneur, qu'il peut n'accepter ces témoignages que quand et comme il veut.

Un citoyen ne peut pas être forcé d'accepter, dans l'armée, une place inférieure à celle qu'il y a déjà occupée, parce que l'honneur vrai ou faux ne peut souffrir ce qu'il appelle se dégrader.

Il y aurait du danger à mettre, sur une même tête, les emplois civils et militaires, parce que, si les gens de guerre les réunissaient, ayant la force en main, ils pourraient en abuser et tromper la confiance du peuple.

La vénalité des charges, utile dans les seuls gouvernemens monarchiques, aurait pour effets heureux de déterminer les devoirs de chacun, et de rendre les ordres de l'Etat plus permanens.

Il ne faut point de censeurs, dans une monarchie, parce que l'opinion publique en tient lieu.

3°. Rapport des Lois avec le Principe de l'Etat despotique.

Il faut peu de lois dans ce gouvernement où règnent la crainte et l'ignorance. Le prince y fait peu la guerre en personne, parce que ceux qui le retiennent dans son palais sont intéressés à ce qu'il n'en sorte pas: il n'ose guères la faire par ses lieutenans, parce que ces mêmes personnes ne peuvent souffrir que son pouvoir passe en d'autres mains. N'éprouvant jamais de résistance, il ne peut en supporter. Il est donc ordinairement conduit par la colère ou la vengeance: aussi les guerres s'y font-elles dans toute leur fureur naturelle, et le droit des gens y est-il moins étendu qu'ailleurs. Tel est le prince à tant de défauts, qu'il doit toujours rester caché, dans la crainte qu'on ne les découvre. Comme il est tout, les rois, l'Etat, le prince, si-tôt qu'il n'est plus prince, il n'est rien; et, par conséquent, il est censé mort s'il est fait prisonnier. Un autre lui succède, et les traités qu'il ferait, ne seraient pas ratifiés par son successeur. Par la même raison, la conservation de l'Etat n'est que la conservation du prince au plutôt de son palais; car les esprits sont tellement ignorans et incapables de suivre et prévoir les événemens, que ce qui ne menace pas le palais ou la ville principale ne fait pas d'impression sur eux. Plus l'Etat sera isolé, moins il aura à craindre ses voisins, et meilleure sera sa situation. Le but de ce gouvernement est la tranquillité, parce que la crainte en est le principe. Il faut chercher à concilier la sûreté de l'Etat en conservant l'armée qui en fait la force, avec la sûreté du prince, qui redoute cette armée, parce qu'il ne saurait compter sur elle. Dans ces Etats, la religion a plus d'influence que dans aucune autre; c'est une crainte ajoutée à la crainte. De tous les gouvernemens despotiques, celui qui se détruit le plus lui-même, est celui où le prince est propriétaire des fonds de terre et l'héritier de tous ses sujets; alors toute industrie est enlevée; la culture est abandonnée; on n'améliore rien; on ne bâtit de maisons que pour la vie, tout est en friche, tout est désert. Il faut donc que, sous ce rapport, l'avidité du prince soit modérée, et qu'il n'ait qu'un certain droit dans la succession. Dans un état où il n'y a pas ce loi fondamentale, la succession de l'empire ne saurait être fixe: la couronne est élective. Le successeur est déclaré par le prince, ou par ses ministres, ou par une guerre civile. C'est une raison de dissolution qui n'existe [pas dans une monarchie]. Chaque prince de la famille [et le] despote pouvant être élu, pour prévenir des guerres civiles, celui qui monte sur le trône fait périr ses frères, ou les rend physiquement incapables de lui [nuire]. Aussi l'ambition des princes du sang y est-elle [toujours] troublée par la crainte de subir ce sort, s'il n'arrive [au trône]. La difficulté de former un gouvernement modéré à cause de la combinaison des principes, et la facilité, au contraire, à établir un gouvernement despotique, font que, malgré l'horreur que devrait leur inspirer ce dernier, malgré leur amour de la liberté et leur haine pour la violence, la plupart des peuples sont soumis au despotisme. Dans les climats chauds, où l'on règne ordinairement, les esprits et les tempéramens étant plus avancés et plutôt épuisés qu'ailleurs, on se marie de meilleure heure; la majorité y commence plutôt que dans nos Etats d'Europe. La cessation de bonne foi, utile dans les Etats modérés et sur-tout dans les républiques, parce que l'on y a plus de confiance dans la probité des citoyens, ne peut avoir lieu dans les Etats despotiques, parce que personne n'y a de fortune assurée. Dans ces gouvernemens [l'usure] est inévitable à cause de la pauvreté et de l'incertitude des fortunes. La ressource des emprunts y est [donc] enlevée. Dès-lors, le commerce y est très-borné, parce que les bénéfices qui en résulteraient, seraient absorbés par les intérêts qui serviraient à payer les marchandises. Aussi les lois sur le commerce y sont-elles peu nombreuses, et se réduisent-elles à celles de simple police. Le péculat y est naturel, parce que les agens de ce gouvernement injuste, nécessairement injustes eux-mêmes, y travaillent pour eux. Pour le réprimer, les confiscations sont utiles, parce que l'argent que l'on en tire est un tribut qu'on lèverait difficilement sur les sujets. Dans les monarchies, elles seraient très-nuisibles: elles rendraient les propriétés incertaines, détruiraient les familles et les puniraient de la faute du chef. Dans les républiques, elles anéantiraient l'égalité, en privant un citoyen du nécessaire physique. Dans l'Etat despotique, le [pouvoir] tout entier passe dans les mains de celui à qui on le confie. Le visir est le despote, chaque officier particulier est le visir. L'autorité du moindre magistrat doit être absolue et prompte comme celle de son maître, quoiqu'elle n'est pas réglée par des lois. On est obligé d'y faire des présens à ceux à qui on demande des grâces, parce qu'on est pénétré de cette idée, que les hommes ne se doivent rien entre eux, et sur-tout de supérieur à inférieur. Le despote ne peut récompenser que par de l'argent, afin de mettre à même ceux qui le reçoivent de se procurer les commodités de la vie.

Livre 6.ème

Conséquences des principes des divers Gouvernemens, par rapport à la simplicité des lois civiles et criminelles, la forme des jugemens et l'établissement des peines.

Simplicité des Lois civiles dans les Gouvernemens		Simplicité des Lois criminelles dans les Etats	
Monarchique.	*Despotique.*	*Despotique.*	*Républicain et monarchique.*
Les lois civiles ne peuvent être aussi simples dans les monarchies que dans les états despotiques. Cela vient 1°. de ce que, dans le premier gouvernement, la justice décide non-seulement de la vie et des biens, mais encore de l'honneur des citoyens, qui est un si grand chapitre dans les monarchies. 2°. De la différence de rang, d'origine, de conditions, qui entraîne souvent des distinctions dans la nature des biens, et par cette raison, la nécessité des règles particulières qui régissent les différentes sortes de biens. 3°. Des variations de la jurisprudence causées par la multiplicité des jugemens et des tribunaux. 4°. Des privilèges de la noblesse qui demandent des lois particulières.	Dans ces états, il faut beaucoup moins de lois et de tribunaux que dans les monarchies, à raison de la différence de la constitution des deux gouvernemens. Il faut très-peu de lois sur la propriété des terres, parce qu'elles appartiennent presque toutes au prince; sur les successions, parce que c'est le souverain qui succède; sur le commerce, parce que, dans la plupart des états despotiques, le despote le fait exclusivement; sur les dots et les avantages des femmes, parce qu'on y épouse des filles d'esclaves. Il faut peu de tribunaux, parce que presque tous les hommes étant esclaves les uns des autres, et très-peu ayant une volonté propre, c'est par le père, le mari, le maître, que se jugent les actions, et non par les magistrats. Il résulte donc, de ce que, par la nature de la constitution, les occasions de disputes et de procès sont entre eux aux sujets, dans les états despotiques, que les lois et les tribunaux doivent y être en moins grande quantité que dans aucun autre gouvernement.	Dans les gouvernemens despotiques, où la vie, la fortune et l'honneur ne sont rien, les lois criminelles doivent être plus simples et plus promptes, ainsi que les formes à suivre pour leur exécution. Peu importe la manière de finir les disputes pourvu qu'on les finisse.	Dans ces états, au contraire, où la vie, la fortune et l'honneur du moindre citoyen sont considérables, les lois criminelles et les formalités doivent être plus nombreuses. Le sujet ne doit perdre la vie que quand le bien de la patrie en exige le sacrifice; mais encore doit-on lui laisser tous les moyens de la défendre. En général, la simplicité des lois criminelles est en raison inverse du cas que l'on fait de la vie, de la fortune et de l'honneur des citoyens.

De la Forme des Jugemens.

Jugemens d'après un texte précis de la loi selon les divers Gouvernemens			*Manière de former les Jugemens dans les Gouvernemens*		*Dans quels Gouvernemens le prince peut être juge.*			*Dans la Monarchie, les Ministres ne doivent pas juger.*	*Du Magistrat unique.*	*Des Accusations dans les Gouvernemens*	
DESPOTIQUE.	MONARCHIQUE.	RÉPUBLICAIN.	MONARCHIQUE.	RÉPUBLICAIN.	DESPOTIQUE.	MONARCHIQUE.	RÉPUBLICAIN.			MONARCHIQUE.	RÉPUBLICAIN.
Dans les états despotiques, il n'y a point de lois; le juge est lui-même sa règle.	Dans ces états, il y a une loi. Si elle est précise, le juge doit la suivre. Lorsqu'au contraire elle ne l'est pas, il doit en chercher l'esprit.	Les juges doivent suivre strictement la lettre de la loi. L'interprétation qu'ils pourraient en faire, finirait par détruire insensiblement l'égalité.	Dans la monarchie, les juges prennent la manière des arbitres; ils délibèrent ensemble, et les avis les moins nombreux sont rappelés aux deux plus grands.	Dans cet état, où c'est le peuple qui juge ou est censé juger, la manière des arbitres ne convient pas, parce qu'il n'est pas jurisconsulte. Il faut lui présenter un seul objet, un fait qu'il admette ou rejette.	Dans les états despotiques, il n'y a point le moindre inconvénient à ce que le prince juge lui-même, parce qu'il est tout.	Le prince ne peut être juge sans anéantir la constitution et les pouvoirs intermédiaires dépendans, sans détruire la confiance. Comme c'est lui qui poursuit les accusés, et qui recueille les confiscations, s'il jugeait, il serait à la fois juge et partie. Chez lui, d'ailleurs, le droit de juger est incompatible avec celui de faire grâce: il ne peut, à la fois, faire et défaire ses jugemens.	Dans les états libres, la puissance de juger doit être confiée au peuple, mais en prenant quelques précautions lentes et sages, pour que, ne se laissant pas entraîner par son premier mouvement, il puisse juger de sang-froid.	Les Ministres ne doivent pas être juges; la nature des choses s'y oppose. Ils ne doivent pas même prononcer dans les matières fiscales. S'ils pouvaient décider les affaires contentieuses, on aurait à redouter l'influence de leur intérêt personnel ou de l'ordre du prince; danger qu'on n'a pas à craindre dans des tribunaux composés d'un grand nombre d'hommes indépendans du souverain.	Un tel magistrat ne peut exister que dans un état despotique. L'abus qu'il pourrait faire de son pouvoir le rendrait funeste dans les autres gouvernemens: témoin Appius.	Dans cet état, les citoyens ne doivent pas accuser, parce qu'il existe dans chaque tribunal un officier public chargé de poursuivre les crimes au nom du monarque.	Il est de l'esprit de la république, qui commande à tous le bien de l'état comme un devoir, de permettre à chaque citoyen d'en accuser un autre, publiquement toutefois.

De l'Etablissement des Peines.

Sévérité des Peines dans les Etats		DE LA PUISSANCE des PEINES.	DE L'IMPUISSANCE des PEINES.	RAPPORT DES LOIS PÉNALES avec la nature DU GOUVERNEMENT.		*Nature et usage des diverses peines dans différens gouvernemens.*				DE LA JUSTE PROPORTION des peines AVEC LE CRIME.
DESPOTIQUE.	MONARCHIQUE ET RÉPUBLICAIN.			*les lois des Romains à l'égard des peines.*	*les anciennes lois françaises.*	*De la Torture ou Question.*	*Des peines pécuniaires et des peines corporelles.*	*De la loi du talion.*	*Punition des pères pour leurs enfans.*	
La sévérité des peines convient mieux dans les gouvernemens despotiques, où l'on ne règne que par la crainte. Les supplices doivent y être plus rigoureux parce qu'on y est tellement malheureux qu'on redoute plus la mort qu'on n'y regrette la vie. On y est naturellement plus cruel, parce qu'un seul homme y est favorisé de la nature, tandis que le reste en est outragé.	Dans les gouvernemens modérés, où l'on est retenu par l'amour de la patrie et la honte ou la crainte du blâme, le législateur doit plus s'attacher à prévenir les crimes qu'à les punir. Dans ces états, où il y a plus de douceur, à cause de la modération qui y règne, les lois doivent simplement ôter la vie sans joindre l'affront au supplice, parce qu'on y craint moins la mort en elle-même que la perte de la vie. Les peines doivent donc nécessairement y être moins sévères. D'ailleurs, les hommes y étant plus accessibles aux sentimens honorables, tout peut y servir à former des peines; et tout ce que la loi appelle peine en est une par l'idée seule qui y est attachée. *Principe général.* Dans un état, les peines augmentent ou diminuent à mesure qu'on s'approche ou qu'on s'éloigne de la liberté.	Les peines douces ont autant de puissance sur les esprits que les peines sévères; il ne s'agit que de savoir bien les combiner. On doit s'attacher à n'en établir que de modérées et à les renouveler ou à en faire de nouvelles le moins souvent possible; car ces mesures sont un signe de la corruption des esprits. Plus un peuple est vertueux, moins il faut de peines. Le peuple romain, du temps de la république, en est un exemple. La probité qu'il avait alors, permit d'anéantir, sans le moindre inconvénient, presque toutes les peines des lois royales et des lois des douze Tables. La crainte de la honte et de l'infamie, naturelle à l'homme, est une source pour l'établissement des peines.	Les peines cruelles ont une puissance plus momentanée que durable. Elles arrêtent un instant les crimes par la crainte du châtiment, mais elles finissent par corrompre les esprits qui se familiarisent avec elles, et dès-lors, elles ne sont plus un frein. C'est par cette raison que les lois atroces du Japon sont impuissantes. Leur atrocité est telle, qu'elle en empêche souvent l'exécution et rend l'impunité préférable. Le sénat de Rome pensait que des peines immodérées inspiraient la terreur et nuiraient ainsi à l'exécution des lois, parce que l'on ne trouverait plus personne pour accuser ni pour condamner; tandis qu'avec des peines modérées, jamais on ne manquerait de juges et d'accusateurs.	Les Romains changeaient leurs lois civiles à l'égard des peines, à mesure qu'ils changeaient leurs lois politiques. Les lois royales, faites pour un peuple d'esclaves et de brigands, furent très-sévères. Si les décemvirs les conservèrent dans leurs lois des douze Tables, c'est qu'ils aspiraient à la tyrannie. Après leur expulsion, la loi Porcia qui défendit de mettre un citoyen à mort, rendit les peines sans application. Alors leur modération était conforme à l'esprit de la république. Mais Sylla, confondit la tyrannie et la liberté, fit des lois cruelles et insidieuses pour les appliquer selon ses vues. Les Empereurs, en établissant un gouvernement militaire, sentait qu'il n'était pas moins à craindre pour eux que pour leurs sujets. Se rapprochant de la monarchie, ils proportionnèrent la rigueur des peines au rang des coupables.	Les anciennes lois françaises étaient bien dans l'esprit de la monarchie. Lorsqu'il s'agissait de peines pécuniaires, les non nobles étaient moins punis que les nobles; au contraire, lorsqu'il était question de crimes, le noble perdait ses prérogatives et son honneur, tandis que le non noble était puni dans son corps. La peine morale remplaçait donc chez les premiers la peine physique infligée aux seconds.	La torture ou question contre les criminels, est contraire à la nature. Par cette raison, l'usage doit en être aboli, même dans les états despotiques, quoique ce qui tend à inspirer la crainte, entre plus la ressort de ce gouvernement.	Les peines pécuniaires et les peines corporelles peuvent également convenir lorsqu'elles sont légitimement employées. Les peines pécuniaires doivent être proportionnées aux fortunes et peuvent être aggravées par l'infamie, afin que les gens riches ne puissent les éluder.	Les états despotiques usent beaucoup de la loi du talion, parce que leur nature comporte des lois simples; mais ils l'exercent rigoureusement. Les états modérés admettent cette peine quelquefois; mais à la différence des gouvernemens despotiques, ils la tempèrent.	Cette punition a lieu à la Chine et au Pérou, parce qu'on y suppose que les pères sont coupables des fautes de leurs enfans, en ce sens, qu'ils n'ont pas sagement usé du pouvoir paternel établi par la nature. Cette peine, tirée des idées despotiques, qui confondit le pont l'honneur, n'existe pas dans les états modérés, où, dans le cas d'une condamnation capitale, ceux qui survivent au condamné, sont aussi punis par la honte qu'ils le seraient, à la Chine, par la perte de la vie.	Le but des peines étant de prévenir tout ce qui peut nuire au bien-être et à la paix de la société, elles doivent être proportionnées au crime. Ainsi, ce serait un grand mal de faire subir la même peine à celui qui ne fait que voler sur un grand chemin et à celui qui vole et assassine à la fois. La liberté publique exige, dans ces deux cas, une différence dans la peine; sans différence dans la peine, il n'y aurait guères de vols sans assassinats. Quand cette différence n'existe pas, on doit se mettre dans l'espoir de la grâce. En Angleterre, les assassinats sont moins fréquens à cause de l'espoir qu'ont les voleurs qu'n'ont point pas les assassins, d'être transportés dans les colonies. Aussi les lettres de grâce ont-elles, dans les monarchies, de grands avantages dont sont privés les états despotiques, où l'on ne pardonne jamais.

De la Clémence du Prince dans les Gouvernemens

Monarchique.	*Républicain.*	*Despotique.*
C'est dans les monarchies que la clémence est le plus nécessaire, parce que l'honneur exige souvent ce que la loi défend; et que, d'ailleurs, la disgrâce et la honte qui résultent de la clémence, équivalent elles-mêmes à la peine.	La clémence est moins nécessaire dans une république, par cela seul que la vertu y règne.	Dans un état despotique, la clémence est moins utile que dans aucun autre gouvernement, parce que les grands doivent y être contenus par des exemples de sévérité.

La clémence ne doit jamais être portée à l'excès. Elle doit être employée quand elle ne peut avoir de danger. Il ne faut pas qu'elle dégénère jamais en faiblesse.

Conséquences des différens Principes des trois Gouvernemens par rapport au Luxe, aux Lois somptuaires et à la Condition des Femmes.

Du Luxe.

Ses Causes, Proportions, Avantages, Inconvéniens.

Le luxe est toujours en proportion avec l'inégalité des fortunes. *Entre les citoyens du même Etat*, il se calcule par cette inégalité. La loi doit donc, pour l'éloigner, s'attacher à ne donner à chacun que le nécessaire physique, autrement le luxe augmentera en raison de la disproportion des fortunes. Dans la république de Platon, il pouvait se calculer au juste, au moyen du partage qu'il avait fait des fortunes en quatre classes. *Entre les Etats*, le luxe est en raison composée de l'inégalité des fortunes qui existe entre les citoyens et de l'inégalité des richesses des différens Etats. Ainsi il y aura plus de luxe dans l'Etat dont tous les citoyens auront une existence brillante que dans celui où les sujets vivront dans la médiocrité. *Entre les villes*, le luxe se calcule sur le nombre plus ou moins grand des habitans. Ainsi, plus il y a d'habitans dans une ville, plus il y a de luxe, parce que plus il se trouve d'hommes réunis, plus il existe d'envie de se distinguer, sur-tout quand l'étendue et la population des villes sont telles, que la plupart des habitans sont inconnus les uns aux autres : chacun, alors, prend les marques de la condition qui précède la sienne. Mais bientôt l'inégalité extrême rétablit l'égalité. Il résulte de là que les conditions sont confondues, et qu'il n'existe plus d'harmonie entre les besoins et les moyens de les satisfaire. La grande population d'une ville, et, par suite, son luxe, loin de nuire au commerce, ne peuvent que l'augmenter, parce que les désirs étant plus grands et plus nombreux, il y a plus de besoins et de fantaisies, sources véritables du commerce.

Des Lois somptuaires.

Lois somptuaires dans les différens Gouvernemens

Lois somptuaires particulières à la Chine, à raison de la disproportion de sa population avec la fertilité de son sol.

Lois somptuaires relatives à la Continence publique dans un Etat.

DESPOTIQUE.

Les lois somptuaires sont inutiles dans les gouvernemens despotiques. Le luxe y est inévitable par la nature même des choses. L'état malheureux dans lequel vivent les sujets, et l'incertitude de la conservation de leur fortune, sont des causes qui, en leur faisant désirer d'assouvir leurs passions, naturalisent le luxe dans ce gouvernement.

RÉPUBLICAIN.

Il n'y a pas de luxe dans les républiques, parce que les richesses y sont également partagées. Il ne peut s'y introduire qu'avec l'inégalité des fortunes. Alors la vertu se corrompt ; l'intérêt particulier remplace l'amour de la patrie ; la volupté est substituée à la vertu, et l'on devient ennemi des lois, parce qu'elles empêchent de satisfaire les désirs. Dans une aristocratie mal constituée, les nobles ont les richesses ; cependant le luxe doit en être banni comme destructif de l'esprit de modération, principe de ce gouvernement.

MONARCHIQUE.

L'inégalité du partage des richesses, dans la monarchie, y rend le luxe non-seulement inévitable, mais même indispensable. Il doit y augmenter en proportion de cette inégalité. Les riches doivent y faire la dépense conforme à leur fortune, autrement les pauvres ne sauraient y subsister. A Rome, les lois somptuaires furent éloignées, à mesure que la république se dissolvait et qu'on se rapprochait de la monarchie.

Dans quels cas les Lois somptuaires sont utiles.

Les lois somptuaires ont pour objet ou une frugalité absolue, comme dans les républiques, ou une frugalité relative, et celles-ci peuvent seules convenir aux monarchies. Elles ont lieu lorsque l'Etat, sentant que des marchandises étrangères d'un trop haut prix demanderaient une telle exportation des siennes, que, par cette exportation, il se priverait de plus de ressources qu'il ne s'en procurerait par l'importation des marchandises étrangères, défend l'entrée de ces dernières. En géuéral, plus un Etat est pauvre, plus son luxe relatif le ruine, plus il faut de lois somptuaires relatives : plus il est riche, plus son luxe relatif l'enrichit : il faut se garder alors des lois somptuaires relatives.

Le luxe est dangereux, et des lois somptuaires rigoureuses doivent être établies, dans les Etats où les moyens de subsistance ne sont pas suffisans et proportionnés à la population. Alors, le peuple doit être appliqué à la culture des terres. Sous ce rapport, le luxe n'est à craindre ni en Angleterre ni en France ; le sol y produit assez de grains pour la nourriture des habitans. Il en est autrement à la Chine : l'espèce humaine y est tellement considérable, que les terres suffisent à peine pour nourrir les habitans. Le luxe et les arts futiles doivent donc y être bannis, et les esprits spécialement dirigés vers la culture.

Fatales Conséquences du Luxe à la Chine.

A la Chine, il y a eu vingt-deux dynasties qui se sont succédé, c'est-à-dire vingt-deux révolutions générales. Les trois ou quatre premières durèrent assez long-temps parce qu'elles furent sagement gouvernées. Les autres commencèrent bien, parce que les Empereurs, nourris dans les fatigues de la guerre, sentaient la nécessité de conserver la vertu et d'éloigner les délices qui avaient été la cause de la perte de la famille détrônée, et finirent mal à cause de l'introduction des voluptés. Les trois ou quatre premiers princes de la dynastie repoussaient la corruption, le luxe et l'oisiveté dont ils avaient vu les funestes conséquences dans la famille qu'ils avaient renversée ; et les autres, se laissant amollir par les plaisirs et l'indolence, préparaient ainsi eux-mêmes leur renversement.

Le luxe et l'incontinence publique étant inséparables, pour prévenir l'introduction du luxe, il faut éloigner l'incontinence, favoriser, autant que possible, la continence par de sages lois, et maintenir la vertu des femmes, dont la perte de si fatales conséquences dans un gouvernement et présage presque toujours un changement dans la constitution, sur-tout dans les républiques. Aussi les législateurs ont-ils toujours réglé avec le plus grand soin les mœurs des femmes.

De la Condition des Femmes.

De la Condition des Femmes dans les Gouvernemens

Institutions des Romains qui prouvent l'importance qu'on doit attacher à la Condition des Femmes dans un Etat.

Dots et Avantages nuptiaux dans les différens Etats

DE L'ADMINISTRATION des FEMMES.

MONARCHIQUE.	DESPOTIQUE.	RÉPUBLICAIN.	DU TRIBUNAL DOMESTIQUE.	COMMENT LES INSTITUTIONS CHANGÈRENT AVEC LE GOUVERNEMENT.	DE LA TUTELLE DES FEMMES.	Peines établies par les Empereurs contre les débauches des femmes.	LOIS SOMPTUAIRES.	MONARCHIQUE.	RÉPUBLICAIN.	DESPOTIQUE.	
Dans les monarchies, les femmes ont peu de retenue, parce que la distinction des rangs les appelant à la cour, elles y prennent cet esprit de liberté qui augmente leurs agrémens et leurs passions, et que, chacun n'en serait pour avancer sa fortune, elles font régner dans le gouvernement le luxe et la vanité.	Dans les Etats despotiques, les femmes n'introduisent pas le luxe, mais elles sont elles-mêmes un objet de luxe. Elles doivent les loix, sont captives très-exclaves ; autrement on tires par leur caractère capricieux, intrigant et jaloux, et de ces Etats, et avec l'art qu'elles ont, en donnant du plaisir, d'intéresser les grandes âmes.	Dans les républiques, les femmes sont libres par les loix, sont captives par les mœurs ; le luxe en est banni, leur caractère capricieux, intrigant et jaloux, et de ces Etats, et avec les vices.	A Rome, les femmes étaient comptables de leur conduite devant un tribunal domestique, composé des parens de la femme, assemblés par le mari. L'impossibilité de faire des règles précises de ce tribunal arbitraire. Il examinait la conduite générale des femmes ; mais l'adultère, à raison de ses conséquences, était, indépendamment de l'accusation domestique, soumis à celle du public, comme intéressant l'Etat plus particulièrement.	Le tribunal domestique et l'accusation publique suivirent, à Rome, la décadence des mœurs et suivirent avec la république. L'usage de la première institution fut insensiblement anéanti par la juridiction que les Préteurs s'arrogèrent sur toutes les affaires. Quant à l'accusation publique contre l'adultère, elle cessa lors de l'établissement de la monarchie, dans la crainte qu'elle ne fût dictée par la vengeance des mépris et des refus éprouvés. Elle fut entièrement anéantie par la loi Julie, qui ne permettait d'accuser une femme d'adultère qu'après avoir accusé son mari de favoriser ses déréglemens.	Chez les Romains, les femmes qui s'étaient mises sous la puissance d'un mari étaient mises sous la tutelle du plus proche parent. Cette tutelle perpétuelle existe chez les particuliers. Exemples qui prouvent que les premiers Germains, qu'Auguste et Tibère eurent bientôt transportèrent plus en vue leur vengeance personnelle dans les monarchies qu'ils établirent, mais s'y soutint pas long-temps.	Le système politique à l'égard des femmes changea, chez les Romains, lors de la décadence. Les Empereurs, en établissant des peines contre la débauche, avaient moins l'intention de corriger les mœurs et de les rétablir, que de punir les crimes et les fautes particulières, que de maintenir en rendant des jugemens contre les débordemens des femmes.	Convainçus que l'incontinence et considérables dans ce-médiocres dans les richesses étaient inséparables, les Romains, outre leurs institutions générales, furent des biens y est utile, parce particulières qu'à l'effet de maintenir les femmes dans la frugalité.	Les dots doivent être considérables dans les richesses sont plus intéressés à la prospérité domestique. Les gains de survie y sont, en général inutiles. Ils la luxe naîtrait des richesses des femmes.	Les dots doivent être médiocres dans les républiques, où ces deux qu'elles ne soient plus de vertu. Les gains de survie seront étrangeurs : en général inutiles. Ils ne favorisent pas le mariage, les femmes y étant portées naturellement.	Les dots doivent y être presque nulles, exclut de la préférence dans le mari y puisse soutenir pas y avoir le luxe établi. La communauté est moins utile que dans les monarchies, raits absurde, les femmes un empire, où ces deux qu'elles parce que les femmes y étant presque toujours convenient mieux que its une propriété du mari. Les gains de survie doivent à y devenir à la subsistance des femmes.	La faiblesse des femmes les exclut de la préférence dans une propriété du mari, vertus dures et féroces. Exemples qui prouvent que l'administration des femmes peut réussir dans les divers gouvernemens.

De la Corruption des Principes des trois Gouvernemens.

La Corruption du Gouvernement commence presque toujours par celle de son Principe.

Corruption du Principe du Gouvernement

Républicain.

DÉMOCRATIE.

Le principe de la démocratie a deux sources de corruption, *l'Esprit d'inégalité*, qui mène à l'aristocratie, et *l'Esprit d'égalité extrême*, qui conduit au despotisme d'un seul. Ce dernier n'est pas moins funeste que l'autre. Chacun voulant être égal, le pouvoir devient odieux. Plus d'obéissance aux magistrats ; plus de respect pour eux, ni pour les sénateurs, dont les délibérations n'ont plus de force ; plus de soumission ; plus d'égards pour les vieillards ; plus d'amour d'ordre ; corruption de ceux à qui le pouvoir est confié, et qui, pour la cacher aux autres, cherchent à les corrompre ; paresse, dès-lors amour du luxe ; vénalité des suffrages ; décadence de la liberté ; et bientôt tyrannie d'un seul, qui s'élève sur les ruines de la république.

De l'Esprit d'égalité extrême.

L'égalité absolue n'existe que dans l'état de nature : elle ne subsiste dans la société que par les lois. Elle consiste à obéir et à commander à ses égaux ; elle est donc bien éloignée de l'égalité extrême, où personne ne commande et n'est commandé. Dans une démocratie réglée, tous les hommes sont égaux comme citoyens ; les services seuls que les talens mettent à même de rendre à l'État y sont la source d'une inégalité qui n'est qu'apparente.

Cause particulière de la corruption du peuple.

Les grands succès auxquels le peuple contribue beaucoup, lui inspirent un orgueil qui lui donne la conscience de ses propres forces et le rend difficile à conduire. Ils font naître en lui, contre ceux qui exercent le pouvoir, une jalousie qui le rend ennemi de la constitution. Telle fut la cause de la corruption des républiques d'Athènes et de Syracuse.

ARISTOCRATIE.

Le principe de l'aristocratie a quatre sources de corruption :

1°. Si le pouvoir des nobles devient arbitraire ; parce que, n'observant plus les lois, ils sont autant de despotes ; alors la république existe entre eux ; l'état despotique est dans le gouvernement.

2°. Si les nobles deviennent héréditaires ; parce qu'alors le pouvoir étant partagé entre un plus grand nombre d'hommes, il s'introduit un état de paresse et d'abandon qui ôte au gouvernement toute son énergie.

3°. Si les lois font sentir aux nobles les délices du gouvernement plus que ses fatigues.

4°. Si l'État est trop en sûreté au-dehors. Il faut qu'il ait toujours une certaine crainte à l'extérieur ; autrement il s'engourdirait. Cette crainte, d'ailleurs, oblige les nobles de maintenir les lois pour leur propre sûreté.

Monarchique.

Le principe de la monarchie tend à sa corruption :

1°. Si l'on enlève aux corps leurs prérogatives, et aux villes leurs privilèges.

2°. Si le monarque veut tout faire par lui-même.

3°. S'il ôte arbitrairement les fonctions naturelles des uns pour les donner aux autres.

4°. S'il préfère ses fantaisies à ses volontés.

5°. S'il rapporte tout à lui.

6°. Si son pouvoir et l'amour de ses peuples ne lui sont pas une sûreté suffisante.

7°. Si les premières dignités ne sont plus que de vils instrumens du pouvoir.

8°. Si les sujets peuvent être à la fois couverts d'infamie et de dignités.

9°. Si le prince change sa justice en sévérité.

10°. Si des âmes lâches croient qu'on doit tout au souverain et rien à sa patrie.

11°. Si le pouvoir du souverain devenant immense diminue sa sûreté.

Danger de la corruption du principe de la monarchie.

Le mal n'est pas lorsque l'État passe d'un gouvernement modéré à un gouvernement modéré ; mais quand il tombe du gouvernement modéré au gouvernement despotique. Aussi la plupart des peuples de l'Europe se gouvernant par les mœurs, c'est un crime contre l'humanité que d'y introduire le despotisme.

Nécessité des égards pour la noblesse.

Toujours portée à défendre le trône, la noblesse, par cela même, commande les égards. Les lui refuser, c'est se priver d'un utile soutien. La maison d'Autriche éprouva elle-même ces effets de la part de la noblesse hongroise, malgré l'oppression qu'elle fit peser sur elle.

Despotique.

Corrompu par sa propre nature, le principe du gouvernement despotique tend sans cesse à se corrompre. Il est lui-même la cause de sa dissolution. Les hommes conservent toujours, dans la constitution forcée de ces états, leur caractère naturel, la férocité ; elle n'est comprimée que pour un temps. À la première occasion elle reprend toute sa force.

Effets naturels de la bonté et de la corruption des Principes.

Effets de la corruption des principes.

La corruption du principe du gouvernement a pour effet de tourner contre l'État et de rendre mauvaises les meilleures institutions, parce qu'alors elles gènent les sujets. Dans ce cas, ce n'est qu'en détruisant la cause de la corruption qu'on peut remédier au mal : toutes les lois sont sans effet. À Rome, la corruption du principe du gouvernement empêcha de trouver, dans aucun corps de l'État, des magistrats intègres.

Effets du moindre changement dans la constitution.

Lorsque le principe commence à se corrompre, le moindre changement dans la constitution en opère la ruine. C'est ainsi, qu'à Carthage, les changemens successifs apportés à l'autorité du sénat, et, à Rome, les modifications qu'éprouva la censure, amenèrent la corruption de la république.

Effets de la bonté des principes.

La bonté du principe du gouvernement donne aux mauvaises lois l'effet des bonnes, parce que tout se rattache à ce principe : les Crétois en sont la preuve. Pour maintenir les magistrats dans la dépendance des lois, ils employaient avec succès l'insurrection du peuple. L'amour de la patrie rendait salutaire ce moyen dangereux par lui-même, et qui aurait eu les plus funestes effets, si le principe de la république avait été corrompu.

Effets du serment.

Chez un peuple vertueux, le serment est un frein qui l'attache aux lois, et souvent il est le mobile de ses actions. Les Romains en sont un exemple.

Moyens très-efficaces pour la conservation des trois Principes.

Pour conserver les principes des trois gouvernemens, il faut maintenir chaque état dans la grandeur propre à sa nature ; autrement son principe changera à mesure qu'on resteindra ou qu'on étendra les bornes de son territoire. Cette vérité va être rendue sensible par la définition des propriétés distinctives des états.

Propriétés distinctives de

LA RÉPUBLIQUE.

Il est de la nature de la république que son territoire soit peu étendu, parce qu'alors l'action du gouvernement étant plus concentrée, est plus forte, et que l'intérêt commun étant moins divisé, est mieux senti des citoyens qu'il touche de plus près. Dans une grande république, au contraire, les intérêts particuliers ont plus d'empire. Lacédémone ne subsista long-temps, que parce qu'elle n'étendit pas son territoire. L'ambition d'Athènes ne causa aucun préjudice à la Grèce, parce que cette ville aspirait non à la domination, mais à la prééminence sur les autres républiques. Le gouvernement républicain est le plus convenable dans une seule ville. Avec un autre gouvernement, le prince d'un si petit État chercherait à opprimer. La république est donc propre aux petits États.

LA MONARCHIE.

L'état monarchique doit être d'une grandeur médiocre. Petit, il dégénérerait en république ; trop étendu, l'exécution des lois n'y serait pas assez prompte contre les grands qui, éloignés du prince, pourraient commettre des abus impunément. C'est pour cette raison que Charlemagne divisa son empire en plusieurs royaumes ; qu'après Alexandre, son royaume fut aussi partagé ; qu'après Attila, son royaume fut dissous. Le seul moyen de conserver une monarchie étendue, c'est d'établir un pouvoir sans bornes : mais alors le despotisme arrivera insensiblement par la seule force des choses.

L'ÉTAT DESPOTIQUE.

Un grand empire ne saurait subsister sans une autorité despotique dans son chef. Les résolutions doivent être exécutées sur-le-champ, à la simple volonté de celui qui les prend ; autrement son éloignement donnerait le temps de faire des choses contraires à son autorité.

La crainte doit contenir dans son devoir le gouverneur éloigné du prince.

Objection spécieuse contre les trois Principes des différens Gouvernemens, tirée de la nature particulière de l'Empire de la Chine.

C'est à tort que les missionnaires représentent le gouvernement de la Chine comme admirable, et qu'ils prétendent que la crainte, la vertu et l'honneur réunis en forment le principe. En vain, sous ce dernier rapport, on voudrait l'opposer, comme objection, contre le système des différens principes des gouvernemens. Cet état est vraiment despotique et gouverné par la crainte ; mais la fécondité des femmes est telle, la population y est si multipliée, qu'il y faut un travail infatigable pour faire produire aux terres de quoi nourrir les habitans. De là, une grande attention de la part du gouvernement, intéressé à ce que chacun puisse travailler sans crainte d'être frustré de ses peines ; autrement des révolutions et des soulèvemens continuels auraient lieu. De là aussi, ces réglemens si vantés, qui semblent faire de l'empire de la Chine plutôt un gouvernement domestique qu'un gouvernement civil.

Des Lois, dans le rapport qu'elles ont avec la Force défensive.

Comment les Gouvernemens pourvoient à leur sûreté.

RÉPUBLIQUE.

Petits, une république est détruite par une force étrangère : grande, elle se détruit par un vice intérieur. L'association de plusieurs villes, de plusieurs corps politiques pour former un plus grand État, enfin ce que l'on appelle une constitution ou république fédérative, en conservant les avantages intérieurs du gouvernement républicain, a la forme du gouvernement monarchique. Cette sorte de république résiste à la force extérieure et maintient la sûreté intérieure, sans craindre que la corruption s'introduise. Point d'usurpation d'un seul, point de sédition chez un des membres confédérés : l'une est prévenue, l'autre est apaisée par les forces réunies de la confédération.

Comment doit être composée la Constitution fédérative.

Exemples des Cananéens, de la république fédérative d'Allemagne et de celles de Suisse et de Hollande, qui établissent que la constitution fédérative doit être composée d'États de même nature. Exemple de la Grèce, qui prouve qu'elle doit sur-tout être composée d'États républicains, et qu'elle ne saurait que très-difficilement subsister si elle est composée de républiques et de monarchies, à cause de l'incompatibilité de l'esprit de ces deux gouvernemens, dont l'un a la guerre et l'agrandissement pour objet, et l'autre, la paix et la modération.

Institutions de la Constitution fédérative.

Dans une république fédérative, un des États confédérés ne doit pas faire d'alliance sans le consentement des autres. Cette loi existe en Hollande : elle préviendrait bien des malheurs résultant de l'imprudence, de l'ambition ou de l'avarice d'un seul, si elle se rencontrait dans la constitution germanique. Comparaison, comme république fédérative, entre la Hollande et la Lycie, qui prouve que les institutions doivent être en harmonie parfaite avec l'étendue et la nature de la confédération.

ÉTAT DESPOTIQUE.

Bien différens des gouvernemens républicains, les États despotiques pourvoient à leur sûreté en s'isolant, en ravageant et rendant déserte une partie du pays, pour rendre le corps de l'empire inaccessible. Ils se conservent encore par une autre séparation, qui a lieu en mettant les provinces éloignées entre les mains d'un prince qui en soit feudataire.

MONARCHIE.

L'État monarchique étant d'une grandeur médiocre, et pouvant, par conséquent, être facilement envahi, il pourvoit à sûreté en ayant des places fortes qui défendent ses frontières et des armées qui défendent ses places fortes. Il est de la nature de ce gouvernement d'avoir des places fortes; ses États despotiques la réduiraient; le prince n'oserait les confier à personne.

De la Force défensive des Etats en général.

CE QUI CONSTITUE la force défensive DES ÉTATS.

Un État est dans toute sa force, quand l'étendue de son territoire est telle qu'elle lui permet de réunir ses moyens de défense assez promptement pour les opposer à l'attaque, aussitôt qu'elle est faite. La France et l'Espagne ont, à cet égard, la grandeur convenable, la France sur-tout, assez heureuse pour que sa capitale se trouve plus près des frontières à proportion de leur faiblesse. Dans ces deux pays, les armées pouvant promptement se réunir d'une extrémité à l'autre, les entreprises étrangères y sont moins à craindre. Dans un vaste empire, au contraire, tel que la Perse, il faut tant de temps aux troupes pour se rassembler, que l'armée victorieuse paraît devant la capitale avant que les gouverneurs des provinces puissent être avertis ou avoir le temps d'envoyer du secours. La vraie puissance d'un prince consiste plus dans la difficulté qu'il y a à l'attaquer que dans la facilité qu'il a de conquérir; et un monarque doit mettre autant de prudence à borner sa puissance que de sagesse à l'augmenter.

Projet ridicule d'une monarchie universelle.

Le projet d'une monarchie universelle, attribué, sans fondement, à Louis XIV, ne pouvant réussir sans ruiner l'Europe, les anciens sujets et la famille du prince. Trop étendue, sa puissance aurait perdu toute sa force, elle se serait anéantie elle-même.

Cas où la force défensive d'un État est inférieure à sa force offensive.

Ce cas arrive, lorsqu'un État entreprend des guerres lointaines et qu'il envoie des armées au-dehors pour réunir par la force de la discipline et du pouvoir militaire des sujets divisés chez eux par des intérêts politiques ou civils. Alors l'État étant affaibli est nécessairement plus facile à vaincre.

DE LA FORCE relative DES ÉTATS.

Toute grandeur, toute force, toute puissance est relative. En voulant augmenter sa grandeur réelle d'un État, on doit craindre de diminuer sa grandeur relative. Vers le milieu du règne de Louis XIV, la France fut au plus haut point de sa grandeur relative.

DE LA FAIBLESSE des ÉTATS VOISINS.

Pour conserver la grandeur relative d'un État, il ne faut pas écraser un État voisin qui est dans la décadence, parce que rarement par la conquête d'un pareil État, on augmente autant en puissance réelle qu'on a perdu en puissance relative.

Des Lois, dans le rapport qu'elles ont avec la Force offensive.

De la Guerre, du Droit de Conquête et de ses Conséquences.

DE LA GUERRE.

De même que les hommes ont le droit de tuer dans le cas de la défense naturelle, de même les États ont le droit de faire la guerre pour leur propre conservation. Entre les citoyens, la défense naturelle ne suppose pas la nécessité de l'attaque, parce qu'il existe des tribunaux auxquels on ne doit se dispenser de recourir que quand le secours des lois serait trop lent pour la conservation de sa vie. Entre les États, cette nécessité existe pour prévenir les effets de l'ambition ou de l'agrandissement d'une nation. Plus exposées à être détruites, les petites sociétés ont donc plus souvent le droit de faire la guerre que les grandes. De là, il résulte que le droit de la guerre dérive de la nécessité légitime et rigoureuse de la conservation de l'État.

DU DROIT DE CONQUÊTE.

Du droit de la guerre dérive celui de conquête. Le premier n'ayant pour objet que la conservation, la conquête, qui n'en est que la conséquence, emporte donc avec elle le droit de conservation et non celui de destruction. L'État qui en a conquis un autre, le traite d'une de ces quatre manières : 1°. Ou il continue à le gouverner selon ses lois, et ne prend pour lui que l'exercice du gouvernement. C'est cette manière que nous suivons. 2°. Ou il lui donne un nouveau gouvernement politique et civil. 3°. Ou il disperse les sujets soumis. 4°. Ou il les extermine. La conquête une fois faite, le conquérant n'a plus le droit de tuer, parce qu'il n'est plus dans le cas de la défense naturelle ou de sa conservation. Il n'a pas non plus le droit de réduire en servitude le peuple vaincu, parce que l'esclavage n'est pas l'objet de la conquête. La servitude n'est permise que lorsqu'elle est nécessaire comme moyen de conservation : encore n'est-elle qu'un accident qui doit cesser en même temps que la cause qui l'a produit.

Quelques Avantages du Peuple conquis.

La plupart du temps, les États que l'on conquiert, ne sont pas dans leur force : ils l'ont perdue en totalité ou en partie soit par l'oppression du gouvernement, soit par la corruption du peuple. Un des grands principes de l'esprit de conquête doit donc être de rendre meilleure, autant qu'il est possible, la condition du peuple conquis. Le traité de paix de Gélon, et l'usage qu'Alexandre fit de sa conquête sur les Bactriens, confirment ce principe.

De l'Esprit de Conquête propre aux différens Gouvernemens

RÉPUBLICAIN.

Il est contre la nature d'une constitution fédérative que les États confédérés conquièrent les uns sur les autres. Le peuple conquis devant jouir des priviléges de la souveraineté, il est contre la nature de la république démocratique de conquérir des villes qui, par le nombre des habitans et l'étendue du territoire, dépasseraient les limites naturelles à une démocratie. Cet État ne pourrait conquérir un peuple pour le gouverner comme sujet, sans exposer sa liberté, en confiant une trop grande puissance aux magistrats chargés d'administrer l'État conquis.

Le gouvernement de la démocratie est toujours odieux aux sujets conquis, parce que, plus dur que l'État monarchique dont il n'a que la forme à l'égard du peuple assujetti, il ne laisse aux sujets ni les avantages de la république ni ceux de la monarchie. Le gouvernement aristocratique est encore plus pénible, parce qu'il y a plus de souverains. Le seul moyen qu'ait la république de faire supporter son gouvernement aux peuples conquis est de leur donner un bon droit politique et de bonnes lois civiles.

MONARCHIQUE.

D'une Monarchie qui conquiert autour d'elle.

Une monarchie ne doit conquérir que tant qu'elle reste dans les limites naturelles à son gouvernement. Elle ne doit rien changer chez le peuple conquis que l'armée et le nom du souverain. Elle doit traiter avec beaucoup de douceur les provinces que la conquête a réunies à son territoire : autrement l'État se perdrait en s'aliénant l'affection du peuple soumis, et en se privant ainsi des avantages de la conquête. Luxe affreux dans la capitale; misère dans les provinces, abondance aux extrémités; tel est l'état d'une monarchie conquérante.

D'une Monarchie qui conquiert une autre Monarchie.

Pour conserver une monarchie conquise par une autre, les forteresses seront le meilleur moyen, si l'État conquis est petit; s'il est grand, les colonies seront préférables.

Des Mœurs du peuple vaincu.

On peut être quelquefois obligé de changer les lois du peuple vaincu; rien ne peut jamais obliger de lui ôter ses mœurs. Il y a souvent un grand danger à ne pas assez les respecter.

D'une Loi de Cyrus.

Fausses précautions que prirent Cyrus pour conserver ses conquêtes et Aristodème pour se conserver la tyrannie de Cumes, en voulant l'un et l'autre dénaturer par la mollesse les mœurs sévères de leurs sujets.

Moyens de faire et de conserver la Conquête, dans la monarchie.

Charles XII eut un projet de conquête extravagant dans ses entreprises contre les Moscovites et fut lui-même l'auteur de sa ruine, parce que, prenant Alexandre pour modèle, il ne vit pas qu'il n'était point dans la même situation que lui, et que, d'ailleurs, il ne suivit pas son exemple. Il ne fit usage que de ses forces, et c'est ce qui le perdit. Il avait affaire à un peuple nouveau auquel il apprit à le vaincre lui-même. Alexandre, au contraire, commandait à des hommes qui, à la vérité, avaient la conscience de leur supériorité sur les Perses, leurs ennemis, dans la manière de combattre; mais l'emploi de ses forces, bon pour vaincre, ne suffisait pas pour conserver la conquête. Il fit, à cet effet, ce que ne fit pas Charles XII. Il conserva aux peuples vaincus leurs institutions, leurs mœurs, leur religion, leurs préjugés, leurs coutumes. Il les mit au niveau du peuple conquérant; il unit les deux peuples par le mariage; il établit en Perse un grand nombre de colonies grecques et rapprocha ainsi les deux nations par les nœuds indissolubles d'une amitié réciproque. La répartition égale des emplois civils et militaires entre les sujets de l'État conquérant et ceux de l'État conquis, ainsi que cela a lieu en Chine, est un excellent moyen de conserver la conquête d'un grand État.

DESPOTIQUE.

Une conquête étendue suppose le despotisme. Le seul moyen qu'ait le prince pour le conserver est d'avoir toujours à sa disposition une milice particulière qui puisse contenir sans cesse et faire rentrer dans le devoir; répandue et dispersée dans les provinces, l'armée serait insuffisante.

Le despote qui conquiert est plus intéressé à rendre son trône au prince vaincu et à s'en faire ainsi un allié dont les forces augmenteront les siennes, qu'à grandir l'État conquis pour la conservation duquel il serait obligé de s'affaiblir. Tel était le principe des Romains qui faisaient partout des rois pour avoir des instrumens de servitude.

Des Lois qui forment la Liberté politique dans son rapport avec la Constitution.

IDÉE GÉNÉRALE.

On distingue les lois qui forment la liberté politique dans son rapport avec la constitution, de celles qui forment la liberté politique dans son rapport avec le citoyen. Les premières font le sujet du livre 11ème., les secondes, l'objet du livre 12ème.

Diverses significations données au mot LIBERTÉ.

Chacun a attaché au mot de liberté l'idée qu'il s'en est formée d'après le gouvernement sous lequel il vivait. Les uns ne supposaient de liberté que dans l'État républicain, les autres, que dans l'État monarchique; et, souvent, on a confondu la liberté du peuple avec sa puissance.

Ce que c'est que la liberté.

La liberté est le droit de faire tout ce que les lois permettent. Elle consiste principalement, non pas à faire ce que l'on veut, mais ce que l'on doit vouloir d'après les lois; et à ne pouvoir être forcé à faire une chose que la loi n'ordonne pas. Il ne faut pas la confondre avec l'indépendance qui consiste, au contraire, à se mettre au-dessus des lois. La liberté politique ne réside pas plus essentiellement dans la république que dans la monarchie. On ne parle point de l'État despotique, parce que la liberté ne peut y exister. Le seul moyen de l'établir et de la conserver, dans un gouvernement, est de faire une distribution des différens pouvoirs telle, que la force de l'un tienne la force de l'autre dans un équilibre parfait.

De l'objet des États divers.

Indépendamment d'un objet commun à tous les États, celui de son maintien, chaque État en a un particulier soit à sa constitution, soit au caractère de ses habitans, tels que la guerre, la religion, le commerce, etc.; et la liberté peut être plus ou moins étendue, selon l'objet particulier que chaque État se propose. Elle existe plus particulièrement en Angleterre, parce qu'elle y est l'objet direct de la constitution. L'examen de cette constitution fera voir ce qui forme la liberté politique dans son rapport avec la constitution.

De la Constitution d'Angleterre.

Il y a trois sortes de pouvoirs dans un état:

1°. La Puissance législative; elle consiste à faire les lois.

2°. La puissance exécutrice des choses qui dépendent du droit des gens; elle consiste à faire la paix ou la guerre, à envoyer ou recevoir des ambassadeurs, à prévenir les invasions.

3°. La Puissance exécutrice des choses qui dépendent du droit civil; elle consiste à punir les crimes et à juger les différends des particuliers. On appellera cette dernière Puissance de juger, et l'autre simplement Puissance exécutrice de l'État.

Distribution et séparation des pouvoirs.

Il n'y a point de liberté dans les États où la puissance législative et la puissance exécutrice sont dans la même main, parce qu'on aurait à craindre que l'autorité fît des lois tyranniques pour les exécuter tyranniquement. Il n'y en a pas, non plus, dans les États où la puissance de juger est réunie à la puissance législative, parce qu'alors le juge, étant législateur, pourrait disposer de la vie et de la liberté des citoyens. Enfin, il n'y a pas de liberté, lorsque la puissance de juger et celle exécutrice sont réunies, parce que le juge pourrait être oppresseur. Tout, en un mot, serait confondu, si les trois pouvoirs étaient exercés par la même autorité, parce qu'alors les lois seraient faites, appliquées et exécutées à son caprice. La liberté politique, dans son rapport avec la constitution, est donc formée par une certaine distribution des trois pouvoirs. Un gouvernement sera modéré toutes les fois que ces pouvoirs seront séparés de manière à se contrebalancer l'un l'autre; il sera despotique, lorsque les pouvoirs seront réunis, comme en Turquie.

La Puissance de juger

La Puissance de juger ne doit être donnée ni à des personnes tirées du corps du peuple, et exercée à la manière romaine; l'État, ou de quelqu'intelligence avec lui, déterminées par la loi, ne peuvent exercer la puissance législative. Elle ne doit s'assembler pendant le cours des représentans qui faisaient tout ce qu'ils pouvaient faire; la puissance de juger est en quelque façon nulle. Il ne reste que trois jugemens: celui qui condamne à l'amende, celui qui exile, celui qui ôte la vie. De là, le Sénat était dans chaque loi principal, parce qu'il les élisait plus à même permanente lui agissait en défendre les intérêts ou leurs mandataires qu'ils commettent d'une certaine classe, ou mieux, et que, d'un autre côté, leur capacité fait moins apprécier, existèrent beaucoup plus, par ceux qui demeuraient près d'eux. Il leur suffit d'être institués, les magistrats qui la représentent donnée par ceux qui les ont choisis. Une distribution particulière, sur chaque affaire, entraveraient par des longueurs les délibérations; et, suivant la marche du gouvernement, par l'opposition d'une volonté générale. Mais la liberté, doit avoir, dans la législation, une part proportionnée...

La Puissance législative

La Puissance législative ne doit laisser ni la puissance exécutrice, le droit d'empêcher les citoyens qui peuvent donner cette de subsidie, la puissance exécutrice doit être confiée à un seul, au monarque. Il n'y aurait pas de liberté si cette puissance à son tour était confiée à un certain nombre de personnes tirées du corps législatif, parce qu'alors les deux puissances seraient réunies. Il n'y aurait point de liberté si le corps législatif était long-temps sans s'assembler. Alors les deux puissances se réuniraient dans une seule main, soit que la même personne, soit que le même corps législatif eût, à la fois, la puissance de faire les lois et celle de les exécuter. Le corps législatif ne doit pas prendre part à l'exécution; mais il a le droit, et doit avoir la faculté, d'examiner de quelle manière ses lois ont été exécutées...

L'exécution demande une action

L'exécution demande une action; le citoyen ne peut qu'approuver lui-même; le corps législatif ne doit être que pour faire des lois, et voir si l'on a bien exécuté celles qu'il a faites. Dans un état libre, la noblesse, formant un corps distingué et ayant à conserver des privilèges qui sont une espèce de démembrement de la volonté générale. Mais les jugemens doivent être ses avantages. De même que le peuple a droit d'arrêter ses entreprises, de même elle doit avoir droit d'arrêter celles du peuple. De là, la nécessité de confier la puissance législative au corps de nobles qui défendra ses intérêts dans des assemblées particulières, et au corps choisi pour représenter le peuple. Mais comme le corps des nobles, qui a des prérogatives à défendre, pourrait être entraîné par ses intérêts privés, et oublier ceux du peuple, il ne doit, dans les choses où l'on a intérêt à le corrompre, comme dans les lois sur les impôts, avoir part à la législation que par la faculté d'empêcher, c'est-à-dire, de rendre nulle une résolution prise par un autre, et non par la faculté de statuer, c'est-à-dire, d'ordonner par soi-même, ou de corriger ce qui a été ordonné par un autre.

Des Rapports et de l'Influence réciproque des Pouvoirs.

Il y a trois cas dans lesquels la puissance de juger peut être nuie à celle législative: 1°. Les nobles doivent être jugés, non pas par les tribunaux ordinaires de la nation, mais par cette partie du corps législatif composée de nobles; autrement, il ne seraient pas jugés par leurs pairs. 2°. Lorsque la loi est trop rigoureuse, elle doit être modérée, non pas par le jugement de la nation, qui fait avec les organes de la loi, mais par la partie du corps législatif composée de nobles: 3°. Dans tous les cas où une loi, dans les circonstances publiques, laisserait le peuple en péril, elle doit être modérée par la partie législative seule. La puissance exécutrice doit prendre part à la législative, pour défendre ses prérogatives, mais non doit s'en mêler d'empêcher, et non par celui de statuer; autrement, il n'y aurait plus de liberté. La constitution de l'Angleterre: les trois parties qui composent le corps législatif s'enchaînent par leur faculté mutuelle d'empêcher. Toutes deux seront liées par la puissance exécutrice, qu'ils sera elle-même par la législative; de sorte qu'elles devront nécessairement marcher de concert. La puissance exécutrice ne doit avoir de part à la discussion des affaires; elle n'a même pas besoin de proposer, au moyen de la faculté d'empêcher. Elle ne doit pas examiner, d'une manière active, ne la levée des deniers publics: la puissance législative doit la quotité d'année en année, et non pour toujours; parce que, dans ce dernier cas, la puissance exécutrice, ne dépendant plus de celle législative, celle-ci serait exposée à perdre sa liberté. Il en serait de même, que les armées ne fussent point, dans la main de la puissance exécutrice. Pour esprit que le peuple; et quand il en a, on a le moyen le plus prompt de le bien punir répondre de la conduite, ou, si on les corps de troupes permanentes: est composé des plus vilité partie de la nation, ce donnent à la puissance législative la faculté de casser à sa volonté; et, en outre, on n'isolant plus le soldat du citoyen par ses corps, des casernes, ou des places de guerre séparées. L'armée, une fois établie, doit être régie par la puissance exécutrice, et non par la partie législative. Elle ne ingénierait le Sénat, mais qu'elle ne reconnût, en lui, qu'un corps d'hommes faibles et indignes de lui commander; et le Gouvernement se tournerait à pouvoir militaire, si l'armée dépendait uniquement de la puissance législative. Dans le cas où, par des circonstances, le Gouvernement ne deviendrait pas militaire, il résulterait d'autres inconvéniens: ou l'armée réduirait le Gouvernement, ou le Gouvernement serait obligé d'abolir l'armée. Les Anglais ont tiré des Germains, leur Gouvernement politique. Ce Gouvernement périra lorsque la puissance législative sera plus corrompue que la puissance exécutrice.

Des Monarchies que nous connaissons.

Il existe, dans les monarchies que nous connaissons et qui ont pour objet la gloire des citoyens, de l'État et du prince, un esprit de liberté qui peut y faire faire d'aussi grandes choses et contribuer au bonheur autant que la liberté même. Les trois pouvoirs y sont distribués autrement qu'en Angleterre, mais ils approchent plus ou moins de la liberté politique.

Pourquoi les anciens n'avaient pas une idée bien claire de la monarchie.

Les anciens n'avaient pas d'idée d'un gouvernement monarchique fondé sur un corps de noblesse, et encore moins de celui fondé sur un corps législatif formé par les représentans du peuple, parce que les républiques, seul gouvernement romain jusqu'à l'envahissement du monde par les Romains, étaient des villes qui toutes avaient leur gouvernement, et qui assemblaient leurs citoyens dans leurs murailles. Le premier plan des monarchies fut formé par les nations germaniques qui conquirent l'empire romain. Répandues et disséminées de tous côtés, elles ne purent, comme auparavant, s'assembler en corps pour délibérer sur leurs affaires. Elles furent obligées de le faire par des représentans. Alors le peuple étant esclave, et le gouvernement était un composé d'aristocratie et de monarchie. Mais, lorsqu'un moyen des lettres d'affranchissement, il eut acquis la liberté, et, puissance, celle de la noblesse et du clergé et celle des rois se contrebalancèrent l'une l'autre; et de là, l'origine de la monarchie perfectionnée telle qu'elle existe par la suite.

Manière de penser d'Aristote.

Aristote ne connaissait pas le véritable état monarchique, parce qu'il n'avait pas d'idée de la distribution des trois pouvoirs dans le gouvernement d'un seul.

Manière de penser des autres Politiques.

La même ignorance de la distribution des trois pouvoirs, fit recourir les autres politiques à des moyens vicieux pour tempérer la puissance d'un seul: ou ils réduisirent l'État en république, ou ils firent plusieurs rois.

Des Rois des temps héroïques chez les Grecs.

Chez les Grecs des temps héroïques, il y eut une espèce de monarchie, en ce sens que ceux qui avaient inventé les arts, fait la guerre pour le peuple, assemblé les hommes dispersés, ou qui leur avaient donné des terres, obtenaient le royaume pour leurs enfans. Mais ces monarchies ne restaient aucunement aux nôtres, quant à la répartition des pouvoirs. Les rois y avaient la puissance exécutrice et celle de juger, et le peuple, celle législative. Cette distribution était vicieuse, parce que ces rois des tribus changeaient leurs entreprises des particuliers, et ce jugement était plein de ... la royauté, ainsi cela arrive. D'un autre côté, les rois ayant la puissance exécutrice, devenaient dès-lors redoutables et par conséquent odieux au peuple; ce qui contraire à l'essence même de la monarchie, puisque la vraie fonction du prince était, non pas de juger lui-même, mais d'établir et de choisir les juges.

Du Gouvernement des Rois de Rome, et comment les trois Pouvoirs y furent distribués.

Pour faire connaître le gouvernement des rois de Rome, distinction entre celui des cinq premiers rois, celui de Servius Tullius et celui de Tarquin. Sous les cinq premiers rois, la couronne était élective. Le Sénat, s'il croyait devoir garder la forme du gouvernement, tirait de son corps un magistrat qui disait le roi. Le Sénat devait approuver l'élection, le peuple la confirmer: les auspices la garantir. Ainsi la constitution était monarchique, aristocratique et populaire. Le roi commandait les armées, jugeait les affaires civiles et criminelles, assemblait le peuple, lui portait certaines affaires, et réglait les autres avec le Sénat. Le Sénat avait une grande autorité. Les sénateurs jugeaient avec les rois, et ces derniers ne pouvaient porter les affaires au peuple qu'après avoir été délibérées dans le Sénat. Le peuple élisait les magistrats, consentait aux nouvelles lois, et, avec la permission du roi, déclarait la guerre et faisait la paix. Cette constitution...

Manière de penser des autres Politiques.

Comment la distribution des trois Pouvoirs commença à changer, après l'expulsion des Rois.

D'abord les patriciens avaient de grandes prérogatives, parce qu'ils étaient nécessaires à ce corps aristocratique, pour soutenir à la fois la monarchie, et arrêter ses courantes. Devenus les maîtres de l'expulsion des rois, dans un gouvernement populaire, ils ne pouvaient que faire le droit et l'aristocratie par les plébéiens; parce que le corps des patriciens devait être réglée par des lois fixes. Mais le peuple, soit par nature, soit par hasard, obtint, en même temps, que les consuls seraient pris dans son corps; et, après eux, les consuls avaient fait: eux, souvent la guerre faite par le plus populaire Sénat et les consuls, mais modéré l'opposition des tribuns. Mais, dans l'ivresse des prospérités, le peuple augmenta sa puissance exécutrice; c'est ainsi qu'il usurpa, sur les généraux, le droit de créer des tribuns de légions; et qu'avant la première guerre punique, il régla qu'il aurait seul le droit de déclarer la guerre.

Comment, dans l'état florissant de la République, Rome perdit tout-à-coup sa liberté.

Le pouvoir immense donné aux décemvirs, et dont ils abusèrent, en réunissant dans leurs mains les trois puissances, fut la cause de la perte de la liberté de Rome, au moment le plus florissant de la république. Ces magistrats, créés pour faire des lois fixes, qui retirassent les plébéiens du joug et de l'arbitraire des patriciens, eurent, à la fois, la puissance consulaire et celle tribunitienne; mais au lieu de faire usage de l'une et de l'autre, pour convoquer le peuple et le Sénat, ils s'en servirent pour tyranniser la république; et la mort de Virginie, immolée par son père à la pudeur et à la liberté, fit évanouir la puissance des décemvirs, et rétablit la liberté.

De la Puissance législative | De la Puissance exécutrice
DANS LA RÉPUBLIQUE ROMAINE.

Après la chute des décemvirs, les plébéiens recommencèrent à ôter aux patriciens les prérogatives qui leur restaient encore. Mais ils ne se bornèrent point à rétablir l'égalité; ils allèrent jusqu'à les priver de prendre part, dans certaines affaires, au peuple, et tôt, sur les patriciens... les affaires du peuple, et ce, par la puissance législative, en faisant des leurs nommés plébiscites. Ainsi le Sénat et les consuls purement pas, bien qu'ils fussent obligés d'y soumettre. Si l'autorité du Sénat ne fut pas entièrement anéantie, au peuple ne se réserva que le droit d'élire les magistrats, et la constitution des censeurs qui formaient tous les cinq ans le corps des affaires de la guerre et de perpétuel; exercèrent ainsi la législation, et le corps la puissance exécutrice qui avait la puissance exécutrice, et, en même temps, le consuls avaient fait: eux, souvent la guerre faite par le plus populaire Sénat et les consuls, mais modéré l'opposition des tribuns. Mais, dans l'ivresse des prospérités, le peuple augmenta sa puissance exécutrice; c'est ainsi qu'il usurpa, sur les généraux, le droit de créer des tribuns de légions; et qu'avant la première guerre punique, il régla qu'il aurait seul le droit de déclarer la guerre.

De la Puissance de juger dans le gouvernement de Rome.

La Puissance de juger fut donnée au peuple, au sénat, aux magistrats, aux juges. On va voir comment elle fut distribuée, selon la nature des affaires. Les Rois les jugèrent jusqu'à Servius Tullius qui se dépouilla en faveur du peuple, des jugemens civils, et ne se réserva que ceux criminels. Après les rois, les consuls ne jugèrent les affaires civiles que dans les cas très exptils extraordinaires. Ils nommaient simplement des juges, et formaient des tribunaux qui devaient juger. Chaque année, le préteur formait une liste des juges qui devaient exercer pendant l'année de sa magistrature; et, ce qui était favorable à la liberté, il prenait les juges dans l'ordre des chevaliers. Les juges ne décidaient que des questions de fait; les questions de droit étaient portées au tribunal des juges. AFFAIRES CRIMINELLES. Les rois, et, après eux, les consuls, se les réservèrent. Ces derniers, qui, dès le temps le reprochèrent les affaires de la ville et les matières qui avaient la puissance militaire, la répréhension des affaires de la ville, et des ... étaient sujet des ingénieux que des actes de violence. De là vint la loi Valérienne, d'après laquelle les consuls ne purent plus prononcer de peines capitales, que par la volonté du peuple. Les lois ne furent dénoncées aux plébéiens, par l'institution des tribuns, des avantages tels, qu'ils prétendirent que les appels devaient être portés devant eux, interprétant ainsi, d'une manière exclusive pour eux, la loi Valérienne qui avait permis de porter un appel au peuple; c'est-à-dire, au peuple en corps et composé de sénateurs, de patriciens et de plébéiens, ce qui parut favorable à Cicéron, dont l'autorité se soit à la question de savoir si un patricien devait être jugé non pas par ses plébéiens, mais par les comices réels, lot jugé sur les plébéiens. Ce sont de ces Comices Tacites modifia ceci. Elle se permit de décider de la vie d'un citoyen que dans les grands états du peuple, les crimes par extorsion; et cès tout, les plébéiens ne jugèrent que des crimes privés, cès encore; c'est-à-dire, ceux les crimes capitaux. Par l'effet de la loi Valérienne, les consuls se trouvèrent donc privés de la puissance des crimes. Les crimes publics, c'est-à-dire, ceux qui intéressent plus l'État dans le rapport qu'il a avec le citoyen, furent jugés par le peuple lui-même. Quant aux crimes privés, c'est-à-dire, ceux qui intéressent plus d'un citoyen avec un autre, le peuple ordinaire, tout comme ou juge des magistrats, ont été choisis, ni parties les magistrats, soit le citoyen même; il ornait le tribunal, et présidait sous loi les jugemens. Le Sénat prenait part à ce action par des questions, soit en faisant élire un dictateur, pour remplir les fonctions, soit en faisant nommer le peuple par un tribun, ou encore en ordonnant que le rapport qu'il lui était fait à un certain crime, jugé par magistrat nommé, à cet effet. Ce fut résolus des mains jointes, que les chevaliers qui, jusqu'ici, avaient été le peuple aux Sénat, étaient souvent à la fois juges et financiers, parce qu'ils étaient les traitans de la république, n'eurent plus rien à craindre comme juges, se livrèrent aux vices de l'avarice, se laissèrent aux excès corrompre; et dirigèrent le pouvoir au gré de leur ambition, même de leur caprice, et perdirent l'État.

Réflexions générale sur l'état de Rome après l'expulsion des Rois.

Dans les rois, les patriciens avaient de grandes prérogatives, parce qu'ils étaient nécessaires à ce corps aristocratique, pour soutenir la loi et arrêter ses courantes. Devenus, à l'expulsion des rois, Rome devait être une démocratie. Dès le peuple avait la puissance législative, et, chacun en son même temps, le droit... Jusque-là, le pouvoir immense avait la plus grande partie de la puissance législative, une partie de la puissance exécutrice et de celle de juger, avait été contrebalancé par la part qu'avait chacune des trois puissances; mais lorsque les Gracques privèrent le Sénat de la puissance de juger, le Sénat ne put plus résister au peuple, et lui fit du tort, parce que les chevaliers qui, jusque là, avaient uni le peuple aux sénateurs à la fois juges et financiers, puisqu'ils étaient les traitans de la république, n'eurent plus rien à craindre comme juges, se livrèrent aux excès dirigèrent le pouvoir au gré de leur ambition, même de leur caprice, et perdit l'une et l'autre. En effet, jusque là, le pouvoir immense ainsi l'État.

Du Gouvernement des Provinces romaines.

Autant il existait de liberté à Rome à cause de la distribution des trois puissances, autant il y avait de tyrannie dans les provinces romaines, à cause de la confusion de ces pouvoirs et de leur réunion dans une seule main. Lorsque les conquêtes des Romains s'étendirent, on fut obligé d'envoyer dans les provinces des préteurs et des proconsuls pour les gouverner. Ayant naturellement la puissance exécutrice civile et militaire, ils durent aussi avoir la puissance législative et celle de juger; car on ne pouvait faire des lois, on ne pouvait rendre de jugemens sur eux. Dans une monarchie qui conquiert, au contraire, les citoyens qu'elle envoie ayant les uns la puissance exécutrice civile, les autres, la puissance exécutrice militaire, les trois pouvoirs peuvent être facilement répartis. Les provinces romaines furent donc désolées par les chevaliers qui étaient les traitans de la république, et, qui, investis d'une autorité en quelque sorte despotique, et ne pouvant être, à cause de l'éloignement, sous la surveillance immédiate du Sénat, abusaient toujours d'un pouvoir qui ne pouvait être arrêté par aucun autre.

Des Lois qui forment la Liberté politique dans son rapport avec le citoyen.

Livre 12.me

Idée de ce livre.

La liberté politique, dans son rapport avec le citoyen, consiste dans la sûreté, ou dans l'opinion que l'on a de sa sûreté. La constitution peut être libre et le citoyen ne l'être pas. Dans ce cas, la constitution sera libre de droit et non de fait. D'un autre côté, le citoyen peut être libre, et la constitution ne l'être pas. Dans ce cas, le citoyen sera libre de fait et non de droit.

De la Liberté du citoyen.

Cette liberté consiste dans la sûreté, ou, du moins, dans l'opinion que l'on a de sa sûreté; elle dépend principalement de la bonté des lois criminelles, et ne peut être fondée que sur la pratique des connaissances acquises ou à acquérir sur les règles les plus sûres que l'on puisse suivre dans les jugemens criminels. On peut regarder comme un principe fondamental, qu'il faut, au moins, deux témoins pour faire condamner un citoyen. Un seul serait insuffisant et funeste à la liberté, parce que, dans ce cas, il y aurait partage entre l'accusé et le témoin, dès-lors, incertitude. Il faut donc un tiers pour faire cesser cette incertitude.

Que la Liberté est favorisée par la nature des peines et leur proportion.

La liberté demande que les peines soient tirées de la nature particulière du crime et qu'elles ne résultent pas du caprice du législateur. Il y a quatre sortes de crimes :

Crimes qui choquent la religion.

Ces crimes ne sont que ceux qui attaquent directement la religion, tels que les sacrilèges simples. Ceux qui en troublent l'exercice, sont de la troisième ou de la quatrième classe. La privation des avantages que procure la religion sera la peine des sacrilèges simples tirée de la nature du crime. Mais le crime du sacrilège ne doit se poursuivre que lorsqu'il y a une action publique. La recherche et la punition du sacrilège caché serait déplorable pour la liberté, parce que le zèle ou la superstition ne connaîtrait pas de bornes, et porterait aux excès.

Crimes qui blessent les mœurs.

Les crimes contre les mœurs sont ceux qui blessent la continence publique et particulière. Comme ils sont plutôt le résultat de l'oubli de soi-même que de la méchanceté, ils doivent être punis par la privation des avantages attachés à la pureté des mœurs, la honte, l'infamie publique, l'expulsion de la société ou de la ville, enfin par toutes les peines de la juridiction correctionnelle. Il ne s'agit que des crimes qui intéressent uniquement les mœurs, et non de ceux qui, blessant aussi la sûreté publique, tels que le vol et l'enlèvement, sont de la quatrième espèce.

Crimes qui attaquent la tranquillité.

Les crimes contre la tranquillité et qui se réduisent à ceux qui causent une simple lésion de police et non à ceux qui compromettant en même temps la sûreté font, sous ce rapport, partie de la quatrième classe, doivent être punis par l'œil, la privation, les corrections et les autres peines qui peuvent faire rentrer dans l'ordre.

Crimes qui compromettent la sûreté des citoyens.

La peine des crimes contre la sûreté sont les supplices. Elle résulte de la nature de la chose, parce que la société doit refuser la sûreté et retrancher de son sein les hommes qui ont attenté à la sûreté des autres au point de les en priver ou de leur ôter la vie. Quant au crime contre la sûreté des biens, il serait plus de la nature du crime qu'il fût puni par la perte des biens, ce qui aurait lieu si les fortunes étaient égales entre tous les citoyens; mais la peine corporelle a dû suppléer à celle pécuniaire, parce que, la plupart du temps, ce sont ceux qui n'ont rien qui attaquent le bien des autres.

De certaines Accusations qui ont particulièrement besoin de modération et de prudence.

La liberté exige une circonspection très-grande et toute particulière dans l'accusation des crimes de magie et d'hérésie, parce que, comme elle ne porte pas directement sur un fait, mais plutôt sur l'idée que l'on s'est faite du caractère du prévenu, elle est dangereuse à proportion de l'ignorance du peuple, et, par cela, souvent attentatoire à la liberté du citoyen.

Du Crime contre nature.

Quelqu'horrible que soit ce crime, par cela qu'il est caché et dès-lors fort difficile à établir, il doit être puni avec une grande prudence, et la déposition d'un seul ne saurait suffire pour condamner l'accusé. Pour le prévenir, il faut avoir bien soin d'éloigner toutes les coutumes qui peuvent porter à le commettre, et le proscrire par une police sévère. Chez nous, l'éducation publique est la source de ce crime.

Du Crime de Lèze-Majesté.

Le crime de lèze-majesté doit être défini par les lois d'une manière précise; autrement, sous prétexte de le punir, on exercerait la tyrannie la plus arbitraire, et le gouvernement dégénérerait en despotisme. C'est ainsi qu'à la Chine, les lois punissant de mort quiconque manque de respect à l'Empereur, et ne déterminant pas ce qui constitue ce manquement de respect, tout peut servir de prétexte pour ôter la vie à qui l'on veut.

De la mauvaise application du nom de crime de Sacrilege et de Lèze-Majesté.

C'est un abus atroce de qualifier du nom de crime de sacrilège et de lèze-majesté des actions qui ne le sont pas. Exemples de la fausse application de ce crime tirés des lois des Empereurs qui punissaient, comme coupables de sacrilège, ceux qui doutaient du mérite des personnes choisies par le prince pour quelqu'emploi; et comme criminels de lèze-majesté, ceux qui attentaient contre les ministres et les officiers du prince. Autres exemples pris des rescrits des Empereurs, et de cette loi d'Angleterre, sous Henri VIII, qui déclarait coupables de haute-trahison ceux qui prédiraient la mort du roi.

Des Pensées.

Les pensées ne peuvent être poursuivies par les lois qui ne doivent jamais punir que les actions extérieures. La pensée ne saurait être regardée comme un attentat.

Des Paroles indiscrètes.

Les paroles indiscrètes ne sauraient, sans le plus grand arbitraire, constituer le crime de lèze-majesté, et être poursuivies comme telles, parce que, ne formant pas, par elles-mêmes, un corps de délit, elles peuvent être interprétées de mille manières différentes, soit par le ton dont elles ont été prononcées, soit par la liaison qu'elles peuvent avoir avec d'autres choses. Non pas qu'elles doivent rester impunies; mais une simple peine correctionnelle conviendra mieux qu'une accusation de lèze-majesté. Les paroles indiscrètes peuvent devenir des crimes de lèze-majesté, lorsqu'elles sont jointes à une action dont elles prennent alors la nature, soit parce qu'elles l'auront préparée, accompagnée ou suivie. Mais les paroles ne doivent pas être considérées comme un crime capital; seulement, comme le signe d'un crime capital. Elles peuvent encore être soumises à une peine capitale, lorsque la loi détermine expressément celles qu'elle soumet à cette peine.

Des Ecrits.

Les écrits ne peuvent être considérés comme crimes de lèze-majesté, et punis en conséquence, que lorsqu'ils préparent à ce crime. Les écrits satiriques sont inconnus dans le gouvernement despotique à cause de l'ignorance et de l'abattement qui règnent dans ce gouvernement. Ils ne peuvent nullement nuire dans la démocratie, parce qu'ils sont ordinairement dirigés contre des hommes puissans dont ils arrêtent souvent l'ambition. Ils sont défendus dans la monarchie; mais ils sont plutôt soumis à des peines de police qu'à des peines capitales. Enfin ils sont proscrits de l'aristocratie, parce qu'ils tendraient à renverser l'autorité des gouvernans, et à dénaturer ainsi le principe du gouvernement.

De l'Affranchissement de l'esclave pour accuser le maître.

Dans un Etat où il y a des esclaves, il faut qu'ils soient affranchis pour pouvoir déposer contre leurs maîtres, même dans le crime de lèze-majesté. Jusques-là, ils ne peuvent être qu'indicateurs et non témoins.

Calomnie dans le crime de Lèze-majesté.

La calomnie ne doit jamais être tolérée, en aucun cas, pas même dans le crime de lèze-majesté, quelque soit l'importance de ce crime. Odieux par sa nature, ce moyen ne mérite aucune confiance.

De la Révélation des Conspirations.

La peine de mort ne peut être appliquée au crime de non révélation des conspirations dans lesquelles on n'a pas trempé, que dans le cas du crime de lèze-majesté au premier chef, dans une monarchie. Dans les autres cas, elle doit y être fort restreinte, et le législateur doit avoir grand soin de distinguer les différens chefs de ce crime.

Violation de la Pudeur dans la punition des crimes.

Violer les règles de la pudeur dans la punition des crimes, ce serait détruire une partie des effets de la peine qui doit toujours avoir pour objet le rétablissement de l'ordre.

Combien il est dangereux dans une République de trop punir le crime de Lèze-Majesté.

Dans une république, il est extrêmement dangereux de punir beaucoup ceux qui veulent la renverser, parce que de grandes punitions ne peuvent être infligées sans mettre dans les mains de quelques citoyens en grand pouvoir dont ils pourraient abuser s'il durait trop long-temps. On doit donc s'empresser de mettre fin aux vengeances, aux peines et aux récompenses mêmes, et de faire rentrer les choses dans l'état ordinaire. L'expérience des républiques grecques et romaines prouve que la sévérité qu'elles mirent dans leurs vengeances contre les tyrans ou ceux qu'elles soupçonnaient de l'être, fut toujours l'époque d'un changement dans la constitution.

Comment on suspend l'usage de la liberté dans la République.

Dans une république, la liberté d'un seul peut être suspendue lorsque la liberté de tous en demande le sacrifice. Mais par cela même que la loi de suspension est exceptionnelle par sa nature, elle doit être entourée des formes les plus solennelles.

Des Lois favorables à la liberté du citoyen dans la République.

Dans les républiques, où les accusations étant publiques, tout homme peut en accuser un autre, la liberté exige que l'innocence des citoyens soit assurée par des peines contre les accusateurs injustes.

De la Cruauté des lois envers les débiteurs dans la République.

Dans la république, les lois contre les débiteurs ne doivent point être cruelles ni même trop sévères. La supériorité qu'ont déjà sur eux leurs créanciers, et l'espèce de dépendance dans laquelle ils se trouvent par leur position, sont telles que, si les lois viennent encore ajouter à cette servitude, il peut en résulter les plus grands maux pour l'Etat. C'est ce qui est arrivé dans la république romaine toutes les fois que les lois contre les débiteurs ont été cruelles. Il y a eu révolte, sédition, péril pour la république, et le résultat a été de donner, par des lois particulières, des facilités aux débiteurs pour se libérer.

Des choses qui attaquent la liberté dans la Monarchie.

Les commissaires nommés pour juger les particuliers ne sont d'aucune utilité au monarque; ils sont injustes par la nature de leur position et toujours funestes à la liberté, comme autant d'instrumens dont on se sert pour se défaire de qui l'on veut.

Des Espions dans la Monarchie.

Dans une monarchie, il ne faut pas d'espions. Le prince doit agir avec franchise, avec confiance; les particuliers doivent être libres dans leur conduite, toutes les fois qu'ils obéissent aux lois. L'espionnage suppose la crainte, la méfiance, et ne saurait qu'indisposer contre le prince que l'on est toujours porté à aimer, parce que, source du bien qui se fait, on n'accuse jamais sa personne : les punitions sont mises sur le compte des lois; les fautes, les calamités mêmes, sur le compte des agens du souverain.

Des Lettres anonymes.

On ne doit attacher quelqu'importance aux lettres anonymes que dans les circonstances qui exigent des mesures subites, et lorsqu'il s'agit du salut du prince. Dans les autres cas, elles doivent être méprisées, comme dictées par la calomnie. Quiconque accuse, doit le faire ouvertement et devant les magistrats.

De la manière de gouverner dans la Monarchie.

L'autorité royale doit agir sans bruit. Le point de perfection de ce gouvernement consiste dans la connaissance de la partie du pouvoir, grande ou petite, que l'on doit employer dans les diverses circonstances : toutefois, quelle qu'elle soit, les lois seules doivent menacer; le peuple doit toujours avoir l'opinion de la douceur du prince.

Que, dans la monarchie, le prince doit être accessible.

Si le prince n'était point accessible, les réclamations les plus justes n'arriveraient point jusqu'à lui, et la liberté des citoyens se trouverait ainsi compromise.

Des Mœurs du monarque.

Les mœurs du prince contribuent autant à la liberté que les lois. S'il aime les âmes libres, il aura des sujets; s'il aime les âmes basses, il aura des esclaves. Développement de ce principe par une description admirable des mœurs du monarque et de la conduite qu'il doit tenir avec ses sujets.

Des égards que les monarques doivent à leurs sujets.

Le monarque doit, plus que le dernier de ses sujets, s'abstenir de la raillerie, et encore plus, d'une insulte envers eux, parce qu'il est le seul dont la raillerie blesse mortellement et dont l'insulte humilie et déshonore à la fois; à la différence du despote dont la raillerie est considérée comme l'effet d'une bonté paternelle, et dont l'insulte humilie sans déshonorer. L'honneur étant plus cher que la vie aux sujets d'une monarchie, l'attaquer, c'est aliéner la fidélité et le courage du citoyen.

Des Lois civiles propres à mettre un peu de liberté dans le gouvernement despotique.

Dans les gouvernemens despotiques, où il n'existe pas de lois civiles protectrices de la liberté des citoyens, on peut y suppléer par des préjugés, des coutumes, des idées, des mœurs, des opinions religieuses sur-tout qui servent de frein au despotisme, et, en le tempérant, procurent un peu de liberté aux sujets, ou, du moins, peuvent les garantir un peu des excès de l'arbitraire.

Des Rapports que la Levée des Tributs et la Grandeur des Revenus publics ont avec la Liberté.

Livre 5.me

Avant d'examiner les Rapports directs de la levée des tributs et de la grandeur des Revenus publics avec la liberté, il convient de déterminer ce qu'on entend par *Revenus publics*, et de donner une idée de leur grandeur en elle-même.

Des Revenus de l'État.

Les revenus de l'État sont une portion que chaque citoyen donne de son bien pour avoir la sûreté de l'autre ou pour en jouir agréablement. Les besoins réels de l'État et les besoins des citoyens doivent seuls servir de base pour le fixer, et jamais les passions, les faiblesses, les caprices ou l'ambition de ceux qui gouvernent. Ils doivent être mesurés non sur ce que le peuple peut, mais sur ce qu'il doit toujours donner.

De la Grandeur des Tributs en elle-même.

De ce qu'un petit État qui ne paye point de tributs, enclavé dans un grand qui en paye beaucoup, est aussi et souvent plus misérable que le grand, on en a conclu que la grandeur des tributs était bonne par elle-même, en ce qu'elle rendait le peuple plus industrieux. Cette conséquence est fausse, parce que la cause de la misère qui existe alors dans le petit État, vient de sa position locale et non de l'absence des impôts. Le grand État qui l'entoure, ayant l'industrie, les manufactures et les arts, est intéressé à les cultiver exclusivement. A cet effet, il établit des réglemens qui, en les lui conservant, en prive le petit État par les obstacles et les gênes sans nombre qu'il lui suscite. Loin d'avoir des résultats heureux dans ces petits États, les tributs ne feraient qu'y augmenter la pauvreté et engendrer le découragement par la privation des récompenses du travail.

Rapports de la Levée des Tributs avec la Liberté.

Des Tributs dans les pays où une partie du peuple est esclave de la glèbe.

Dans les pays où, par suite de la conquête, une partie du peuple est esclave de la glèbe, l'esclave qui cultive doit être le colon partiaire du maître : c'est le seul moyen de réunir par l'intérêt commun ceux destinés à travailler avec ceux destinés à jouir.

RÉPUBLIQUE.

Dans une république où une partie du peuple est esclave de la glèbe, le citoyen ne doit point augmenter le tribut de l'esclave; car augmentant ainsi son esclavage, il diminuerait son intérêt et ses soins pour l'agriculture.

D'un autre côté, l'esprit de frugalité est contraire à cette augmentation.

MONARCHIE.

Dans une monarchie où une partie du peuple est esclave de la glèbe, l'intérêt de l'agriculture veut que le noble qui fait cultiver les terres à son profit ne puisse augmenter la redevance; et dans le cas où le monarque voudrait lever des tributs en argent sur les esclaves de sa noblesse, son intérêt et celui du seigneur exigent que le maître paye le tribut pour les esclaves et le reprenne ensuite sur eux. Autrement épuisé tour-à-tour par le seigneur et par ceux qui lèvent les revenus du prince, l'esclave sans cesse vexé et découragé ou périra de misère ou fuira dans les bois.

ÉTAT DESPOTIQUE.

Dans l'État despotique où une partie du peuple est esclave de la glèbe, par cela même que le seigneur est sans cesse exposé à être dépouillé de ses terres et de ses esclaves, il est plus intéressé à ne pas vexer ces derniers afin d'en augmenter le nombre et de tirer un plus grand avantage d'un travail, dont les produits diminueraient en proportion des vexations qu'éprouveraient les esclaves.

Des Tributs dans les pays où l'esclavage de la glèbe n'est point établi.

Dans un État où tous les particuliers sont citoyens, on peut mettre des impôts sur les personnes, sur les terres ou sur les marchandises; sur deux de ces choses, ou sur les trois ensemble.

BASES DE L'IMPOT SUR

LES PERSONNES.

On doit prendre pour base de la fixation de l'impôt sur les personnes, non la proportion des biens, mais celle des besoins; c'est-à-dire que le nécessaire physique ne doit être sujet à aucune taxe; l'utile doit être taxé moins que le superflu, et la grandeur de la taxe doit tellement peser sur le superflu qu'elle empêche le superflu même.

LES TERRES.

Dans la taxe sur les terres, la difficulté, d'une part, de bien connaître les différentes classes des fonds qui servent de base à cette taxe, et, d'un autre côté, de trouver des personnes qui ne soient pas intéressées à méconnaître ces différences, doit rendre très-circonspect dans la taxation de cet impôt. Modéré, l'inconvénient de la disproportion résultant de la différence des fonds, ne sera rien, parce que le peuple conservera un nécessaire suffisant. Excessif, au contraire, la moindre disproportion sera de la plus grande conséquence, parce que le peuple n'aura que le strict nécessaire. L'État doit, autant que possible, proportionner sa fortune à celle des particuliers; et, dès-lors, plus l'aisance de ceux-ci augmentera, plus la fortune de l'État deviendra considérable.

LES MARCHANDISES.

Les droits sur les marchandises sont les plus commodes et ceux que le peuple sent le moins. La meilleure manière de les lui rendre entièrement insensibles, est de les faire payer directement par le marchand, parce qu'alors ils sont confondus avec le prix par l'acheteur. Dans le cas, au contraire, où cet impôt est payé directement par les acheteurs, il leur paraît beaucoup plus onéreux. D'ailleurs, pour que le sujet les paye, il faut des recherches continuelles dans sa maison, et rien n'est plus contraire à la liberté.

Comment on conserve l'illusion pour le paiement de l'impôt.

Pour que le prix de la chose et le droit puissent se confondre dans l'esprit de celui qui paye, il faut qu'il y ait un certain rapport entre la valeur de la marchandise et le montant de l'impôt. Si l'impôt excède de beaucoup la valeur, cette disproportion déraisonnable fait sentir aux sujets leur servitude. Il en résulte, en outre, que la fraude tant plus lucrative, ne peut être réprimée par la seule confiscation de la marchandise, peine naturelle en pareil cas; et qu'il faut recourir à des peines exorbitantes. Dès-lors, atteinte à la liberté, encore compromise par les vexations que le traitant emploie pour arrêter la fraude.

Sorte d'impôt funeste à la Liberté.

L'impôt qui se perçoit sur les différentes clauses des contrats civils est arbitraire à cause de l'interprétation subtile de ces clauses, dès-lors funeste à la liberté, et utile seulement aux traitans. Un impôt sur le papier sur lequel s'écrit le contrat est meilleur en soi et peut être avantageusement substitué à l'autre.

Rapport de la Grandeur des Tributs avec la nature du Gouvernement.

Dans les États despotiques, où il n'existe aucune proportion entre les sacrifices des sujets et les avantages qu'ils en retirent, les tributs doivent être très-légers. L'excessive puissance du prince et l'extrême faiblesse du peuple exigent une grande fixité dans les impôts, afin de prévenir tout arbitraire de la part de ceux qui les lèvent. Enfin, l'intérêt du commerce veut que l'on accorde une certaine protection aux marchands, pour qu'ils ne soient pas sans cesse écrasés dans leurs discussions avec les officiers du prince.

Application de ce Principe aux Peines fiscales.

Si les peines fiscales sont plus sévères en Europe qu'en Asie, contre la pratique générale, c'est parce qu'en Europe, le marchand a des juges qui peuvent le garantir de l'oppression, tandis qu'en Asie, les juges, réunissant tous les pouvoirs entre leurs mains, pourraient être impunément les oppresseurs des marchands.

Rapports de la Grandeur des Revenus publics avec la Liberté.

Rapport de la Grandeur des Tributs avec la Liberté.

En principe général, la proportion des tributs doit être fixée en raison de la liberté des sujets : ainsi, ils peuvent être plus forts à mesure que la liberté augmente, et plus modérés à mesure qu'on s'approche plus de la servitude. Il y a, à cet égard, une espèce de compensation. Dans les États modérés, la liberté est un dédommagement de la pesanteur des tributs; dans les États despotiques, ou regarde la modicité des tributs comme un équivalent pour la liberté.

De l'Augmentation des Tributs.

Les tributs peuvent être augmentés dans les républiques, parce que chaque citoyen les regarde comme un impôt qu'il se paye à lui-même, et qui assure la tranquillité et le bonheur de chaque membre. Ils peuvent l'être dans les monarchies, parce que la modération du gouvernement peut y augmenter les richesses. Ils ne peuvent l'être dans l'État despotique, parce que la servitude y étant extrême, ne saurait y être augmentée.

Rapport de la Nature des Tributs avec le Gouvernement.

L'impôt par tête, frappant directement sur la personne, est plus naturel à la servitude. Par la raison contraire, l'impôt sur les marchandises est plus naturel à la liberté.

Nature des Tributs dans les États.

DESPOTIQUES.

Dans ces États, il est plus naturel que le prince donne à sa milice et aux gens de sa cour des terres que de l'argent, parce que l'argent dans la main des sujets sert au moyen de révolution. Si, cependant, on distribue, les impôts doivent être levés par tête. Dans l'un et l'autre cas, ils doivent être modiques, parce que la sûreté de l'État reposant sur toute corporation, les sujets y sont tous rangés dans la même classe; et que, dès-lors, ce que peuvent payer les plus misérables, doit servir de base à la fixation du taux de l'impôt.

MODÉRÉS.

L'impôt sur les marchandises est le tribut le plus naturel aux gouvernemens modérés; le marchand en fait l'avance à l'État pour le compte de l'acheteur. C'est une espèce de prêt dont il se rembourse sur le jour. On conçoit donc que plus il y a de liberté, de sûreté, de confiance dans le gouvernement, plus le négociant est disposé à faire l'avance à l'État et à prêt aux particuliers de droits aussi considérables; ce qui ne pourrait avoir lieu dans un gouvernement despotique, où les fortunes sont précaires, incertaines, mal assurées.

Influence de l'Abus de la Liberté sur les Tributs.

Par cela même que la liberté produit d'admirables effets, faut bien se garder d'en abuser. Elle a procuré les tributs excessifs; mais aussi l'effet de cet excès a été d'engendrer la servitude. L'usage raisonnable de la liberté fait qu'elle accorde beaucoup; l'abus fait qu'elle donne à regret et par nécessité, ou qu'elle refuse tout, qu'elle dégrève en servitude, et qu'alors on est obligé de diminuer les tributs. La rigueur des impôts occupe bien la petitesse des vues des ministres à la formation continuelle de nouveaux profits.

Effets des Tributs excessifs sur les conquêtes des Mahométans.

Ce furent leurs impositions que les Empereurs levaient sur les peuples, que les mahométans furent redevables de l'étrange facilité de leurs conquêtes. Ce peuples préférèrent le tribut simple auquel furent soumis par les barbares, aux vexations qu'ils souffraient sous un gouvernement où ils n'avaient de la liberté que la seule apparence.

Influence de l'Augmentation des troupes sur les Tributs.

Le nombre désordonné des troupes en Europe est une maladie qui ruine les États par les moyens auxquels ils sont obligés de recourir pour soutenir l'augmentation de leurs troupes. Cette augmentation a pour effet inévitable d'accroître perpétuellement les tributs; mais, souvent, devenus insuffisans, on est obligé d'y subvenir par des ressources extraordinaires et, dès-lors, ruineuses.

De la Remise des Tributs.

Quand des circonstances locales ou particulières obligent de remettre les tributs à une partie de la nation, la remise doit être absolue et ne pas être rejetée sur le reste du peuple; car alors, il existerait entre les différens sujets une solidarité dans la redevance des tributs, qui, injuste et dangereuse en soi, désespérerait les contribuables, les découragerait et finirait par être cause de la ruine de l'État.

De ce qui est plus convenable au prince et au peuple de la Ferme ou de la Régie des Tributs.

DE LA RÉGIE.

La régie étant l'administration d'un bon père de famille qui lève lui-même ses revenus avec ordre et économie, qui connaissant les besoins et la position des redevables peut en presser ou retarder la levée, elle est plus convenable que la ferme. Elle n'appauvrit pas l'État en enrichissant quelques particuliers. Elle ne nécessite pas une infinité de mauvaises lois qu'exige l'avarice des fermiers. Passant dans moins de mains, l'argent revient plus vite au peuple.

DE LA FERME.

La ferme ne peut être utile que lors de l'établissement d'un droit nouveau. Plus intéressés à arrêter la fraude, les fermiers découvrent mieux les moyens de la prévenir. Mais le système de la levée une fois réalisé, la régie doit être établie. L'intérêt du prince, des sujets moins exposés à la vexation, et sur-tout la liberté du peuple, le réclament comme un bonheur.

Des traitans.

Tout est perdu, dans un État, lorsque la profession des traitans, qui ne doit être que lucrative, vient à être honorée. Les richesses doivent être leur unique récompense, comme la gloire et l'honneur doivent être celle des magistrats et des bonnes gens qui concourent leurs travaux au bien de l'Empire. Mais tous les sentimens généreux sont anéantis et le gouvernement est frappé dans son principe, lorsque la considération est attachée à la fortune.

Des Lois, dans le rapport qu'elles ont avec la nature du Climat.

De l'Influence du Climat.

Combien les hommes sont différens dans les divers Climats.

Climats froids.

L'effet de l'air froid est de resserrer les fibres extérieures du corps, et de leur donner plus de ressort et de force. Les hommes, dans les pays froids, ont donc plus de vigueur et, dès-lors, plus de confiance en eux-mêmes, c'est-à-dire, plus de courage ; plus de connaissance de leur supériorité, c'est-à-dire, moins de désir de vengeance ; plus d'opinion de leur sûreté, c'est-à-dire, plus de franchise, moins de soupçons, de politique et de ruse. Leurs fibres ayant plus de force, expriment les sucs les plus substantiels des alimens. Il en résulte deux choses : la première, que les corps de ces peuples, recevant plus de nourriture, doivent nécessairement être plus grands. L'autre, que les parties du chyle ou de la lymphe étant moins propres par leur grossiéreté à donner une certaine subtilité au suc nerveux, les corps doivent avoir peu de vivacité. Dans ces climats, le tissu de la peau étant plus resserré et l'extrémité des nerfs plus comprimée, les sensations y sont beaucoup moins fortes, la sensibilité pour les plaisirs, moins grande. Les corps étant plus vigoureux et les fibres plus grossières, l'âme y est moins accessible à la douleur et à l'amour. Ces corps sains et bien constitués, mais lourds, trouvent leurs plaisirs dans tout ce qui peut mettre les esprits en mouvement, la chasse, les voyages, la guerre, le vin. Les peuples ont peu de vices, assez de vertus, de la sincérité et de la franchise.

Climats chauds.

L'effet de l'air chaud est de dilater les extrémités des fibres et de diminuer leur force et leur ressort. Le sang ayant moins d'activité et l'action du cœur, par conséquent, moins de puissance, il en résulte chez les hommes plus de timidité, de faiblesse, de découragement, de crainte. Le tissu de la peau étant plus dilaté, les nerfs plus épanouis, la moindre sensation physique y fait impression. Dès-lors, il existe plus d'imagination, de goût, de sensibilité, de vivacité. Les plaisirs sont plus vifs. L'âme y est plus affectée par la douleur, parce que les fibres, plus délicates, souffrent du moindre changement. L'amour y est aimé pour lui-même ; il y est tout, il est la vie. Dans les pays du midi, les passions, plus ardentes, multiplient les crimes. Plus on s'approche de ces pays, plus la morale s'éloigne. Enfin, la chaleur peut être si excessive, que le corps soit absolument sans force. Alors, son abattement passera à l'esprit : tout sentiment généreux sera éteint ; les inclinations seront toutes passives ; la paresse seule fera le bonheur. L'âme énervée supportera plus aisément la servitude que la force d'esprit nécessaire pour se conduire soi-même.

Contradiction dans le caractère de certains Peuples du midi.

Il existe, dans le caractère des Indiens naturellement sans courage, une force et une faiblesse qui les portent aux actions les plus contradictoires. Cela vient de ce que la nature, qui a donné à ces peuples une faiblesse qui les rend timides, leur a donné, en même temps, une imagination si vive que tout les frappe à l'excès. C'est la même sensibilité qui leur fait fuir tous les périls et les leur fait tous braver. Le talent du législateur de ces pays est donc de donner à cette sensibilité une direction sage qui éloigne sans cesse les hommes des préjugés et les ramène sans cesse à la raison.

Cause de l'immutabilité de la Religion, des Mœurs, des Manières, des Lois, dans les pays d'Orient.

Cette extrême faiblesse d'organes qui rend les sensations très-fortes chez les peuples d'Orient, jointe à une certaine paresse d'esprit qui le rend incapable d'aucune action, d'aucun effort, fait qu'une fois l'impression reçue, elle ne peut plus changer. De là, cette immutabilité de la religion, des mœurs, des lois et des manières en Orient.

Climats tempérés.

Dans les pays tempérés, l'inconstance du climat se reproduit dans les mœurs, dans les manières, dans les vices, même dans les vertus. Point de caractère fixe et prononcé ; incertitude continuelle. L'amour est moins aimé pour lui-même que pour les accessoires multipliés dont il est accompagné. La sensibilité pour les plaisirs y est plus grande que dans les pays du nord et moindre que dans ceux du midi.

Comment le Législateur doit chercher à détruire les vices du climat.

PRINCIPE GÉNÉRAL.

Favoriser par les lois les vices du climat, c'est les entretenir. Un sage législateur doit donc chercher à les détruire par des institutions qui tendent à donner à l'esprit une force morale qui domine ou neutralise l'influence funeste du climat sur le physique.

Culture des Terres dans les climats chauds.

Plus la chaleur du climat éloigne de la culture, qui est le plus grand travail, plus la religion et les lois doivent y exciter. Autrement, les mauvais effets du climat, et la paresse augmenteront sans cesse.

Proscription du monachisme.

Le monachisme entretient la paresse. La chaleur propage le monachisme et le rend plus naturel aux climats chauds. Les lois doivent donc chercher à ôter, dans ces climats, les moyens de vivre sans travail, par conséquent, proscrire le monachisme.

Encouragement de l'Agriculture.

A la Chine, l'Empereur ouvre les terres tous les ans. De plus, il se fait rendre compte du laboureur qui s'est le plus distingué, et le fait mandarin du huitième ordre.

Encouragement de l'Industrie.

Le moyen le plus efficace d'encourager l'industrie, c'est de récompenser et d'honorer à la fois les laboureurs et les ouvriers qui auraient porté le plus loin leur industrie ; et l'on y arrivera plus facilement chez un peuple sensible à l'honneur, en tirant un sage parti de cette heureuse disposition.

Des Lois qui ont rapport

A la sobriété des Peuples.

Dans les pays chauds, la partie aqueuse du sang se dissipe beaucoup par la transpiration ; il faut donc y suppléer par l'usage de l'eau. Les liqueurs fortes y coaguleraient les globules du sang qui restent après la dissipation de la partie aqueuse. Dans les pays froids, où cette partie s'exhale peu par la transpiration, l'usage des liqueurs fortes n'est pas nuisible ; il peut être, au contraire, convenable, parce que les liqueurs spiritueuses y donnent de l'activité au sang. La loi de Mahomet qui défend de boire du vin, est donc une loi du climat. Elle ne serait pas bonne dans les pays froids, où le climat semble forcer à une certaine ivrognerie de nation. Il est naturel que l'usage excessif du vin soit puni plus sévèrement dans les pays où, contraire à la santé, le vin a, pour la personne et pour la société, des effets plus dangereux, que dans les pays où il ne cause que la stupidité. Dans les pays chauds, on mange très-peu, parce que les parties solides de la nourriture se dissipant moins par la transpiration, les fibres n'ayant qu'une action très-faible, ne s'usent guère, et il leur faut peu de suc nourricier pour les réparer. Or, les différens besoins, formant des manières de vivre différentes dans les divers climats, nécessitent des lois différentes et relatives à la plus ou moins grande communication qui peut exister entre les hommes d'un même peuple.

Aux maladies du climat.

Il est certaines maladies naturelles au climat ; la lèpre, chez les Juifs ; le mal vénérien, en Amérique ; la peste, en Egypte. Le législateur, qui doit veiller à la santé des citoyens, doit arrêter la communication de ces maladies, par des lois qui isolent les personnes affectées du reste des citoyens ; par des réglemens qui empèchent la contagion de se propager.

Des Lois contre ceux qui se tuent eux-mêmes.

Le législateur doit, dans ces lois, distinguer le principe de l'action : si elle est l'effet de l'éducation, des préjugés, ou le résultat d'une maladie du climat qui, agissant sur le physique, réagit sur l'âme. Dans ce dernier cas, elle doit être punie moins sévèrement que dans l'autre ; et, c'est ainsi, qu'en Angleterre, on ne peut pas plus punir le suicide qu'on ne punit les effets de la démence.

Aux effets du climat.

En Angleterre, où un dégoût de toutes les choses et même celui de la vie, résulte du climat, le gouvernement des lois seules est convenable : l'autorité des hommes y serait d'autant plus insupportable que le climat imprime encore à cette nation un certain caractère d'impatience qui, bien différent de la légèreté, et tenant plutôt de l'opiniâtreté, ne pourrait souffrir long-temps un pouvoir toujours disposé à se faire sentir ; et ce caractère d'impatience ne saurait supporter l'idée même de la servitude.

Dans les pays froids, où les passions sont calmes, les lois punissent plutôt la faute en elle-même que les écarts de l'imagination. Elles ont plus égard au fait qu'à l'intention. Dans les pays chauds, l'imagination des peuples échauffe celle des législateurs, et la loi, soupçonnant tout chez des hommes capables de tout soupçonner, ne sépare pas l'intention du fait même.

De la différente confiance que les lois ont dans le Peuple, selon les Climats.

Le climat peut exercer une telle influence sur le caractère des peuples, qu'il leur inspire une férocité naturelle, comme au peuple Japonais, ou une humanité et une candeur de mœurs, comme au peuple des Indes, qui a toujours été tendre et compâtissant. Dans le premier cas, les législateurs n'auront point de confiance dans les hommes ; toujours soupçonneux et mêmes, ils ne pourront retenir que par la sévérité, les menaces, la crainte et la rigueur des châtimens. Dans le second cas, au contraire, ils établiront peu de peines : ils se reposeront, pour ainsi dire, sur le bon naturel des citoyens ; et leurs lois se ressentiront de cette douceur du peuple, source de la confiance du législateur.

Comment les Lois de l'Esclavage civil ont du rapport avec la nature du climat.

De l'Esclavage civil.

L'esclavage civil est l'établissement d'un droit qui rend un homme maître absolu de la vie et des biens d'un autre homme. Il n'est pas bon par sa nature : il nuit à l'esclave chez lequel il éteint tout germe de vertu ; il nuit au maître qu'il rend fier, dur, colère, voluptueux, cruel. Il est plus supportable dans les pays despotiques, parce que, l'esclavage politique y existant déjà, la condition de l'esclave n'y est guères plus à charge que celle du sujet. Il doit être proscrit de la monarchie, comme avilissant la nature humaine, et, par là, contraire au principe de ce gouvernement. Il doit être banni de la démocratie et de l'aristocratie, comme donnant aux citoyens un luxe et une puissance destructifs de l'esprit d'égalité et de modération propre à la république.

Origines erronées du droit d'Esclavage.

Origine du Droit de l'Esclavage chez les jurisconsultes romains.

Les jurisconsultes romains attribuent à la *pitié* l'établissement de l'esclavage ; et voici comment ils expliquent cette origine. Le *droit des gens* voulut que les prisonniers fussent esclaves pour qu'on ne les tuât point. Le *droit civil* permit aux débiteurs de se vendre à leurs créanciers pour échapper à leurs mauvais traitemens ; et le *droit naturel* voulut que les enfans qu'un père esclave ne pouvait plus nourrir, fussent dans l'esclavage comme leur père. Ces raisons sont évidemment fausses. 1°. Le droit de la guerre ne permet de tuer que dans le cas de nécessité, et ce cas n'existe plus, par cela seul que le vainqueur a réduit le vaincu en esclavage. L'homicide de sang-froid après la conquête et, par conséquent, l'esclavage serait donc contre le droit des gens. 2°. La vente de sa liberté est contraire au droit civil : toute vente suppose un prix ; or, l'esclave se vendant, il n'y aurait point de prix, puisque tous ses biens entreraient dans la propriété du maître ; en outre, si la liberté a un prix pour celui qui l'achète, elle n'en a pas pour celui qui la vend ; le contrat est donc nul. En second lieu, la loi civile, restituant contre les contrats qui contiennent lésion, doit nécessairement restituer contre un engagement qui contient la lésion la plus énorme de toutes. Enfin, la loi civile défendant de se tuer parce qu'on se dérobe ainsi à sa patrie, elle ne doit pas, par le même motif, permettre de se vendre. 3°. La naissance ne peut donner lieu à l'esclavage ; si un homme n'a pas se vendre, encore moins a-t-il pu vendre son fils qui n'était pas né. Si un prisonnier de guerre ne peut être réduit en servitude, encore moins ses enfans peuvent-ils l'être. L'esclavage ne saurait donc être fondé par le droit naturel. Il est contraire au principe fondamental de toutes les sociétés, qui n'admet de lois que celles dont tous les sujets retirent une utilité quelconque. Or, la loi de l'esclavage ne saurait jamais être utile à l'esclave : elle est toujours contre lui. En vain dirait-on qu'elle procure sa nourriture : du moment qu'il peut y pourvoir en travaillant, celle que lui donne son maître ne saurait être regardée comme le prix ou le moindre équivalent de la perte totale de sa liberté.

Autres Origines erronées du Droit de l'Esclavage.

Le mépris qu'une nation conçoit pour une autre fondé sur la différence des coutumes, des préjugés, de la religion et le désir de faire triompher l'une sur l'autre, seraient des origines non moins fausses du droit de l'esclavage. L'origine de l'esclavage des nègres tirée de la nécessité du défrichement des terres par les esclaves d'Afrique après la conquête de l'Amérique par les peuples de l'Europe, ou de la couleur et du physique de ces hommes n'est pas moins ridicule.

Origine véritable du droit d'Esclavage.

Le droit d'esclavage ne saurait avoir une origine générale, commune, identique. Il doit être fondé sur la nature des choses. C'est ainsi qu'il sera plus propre, et, en quelque sorte, nécessaire dans les Etats despotiques, où l'esclavage politique anéantit la liberté civile, et où, par conséquent, les hommes libres, étant trop faibles contre le gouvernement, cherchent à devenir les esclaves de ceux qui le tyrannisent, afin de s'en faire des protecteurs. Alors, le choix libre qu'un homme, pour son utilité, se fait d'un maître, établit une convention réciproque entre les deux parties, origine véritable et raisonnable de ce droit d'esclavage très-doux qui existe dans quelques pays.

Autre origine du droit d'Esclavage.

Une autre origine, non moins vraie, du droit d'esclavage, est celle tirée de la chaleur excessive de certains climats, qui, énervant le corps, et, par suite, ôtant à l'âme toute espèce d'énergie et de courage, rend la crainte du châtiment nécessaire, pour forcer les hommes au travail et à l'accomplissement de leurs devoirs. Mais, de ce que l'esclavage est fondé, dans ces pays, sur une raison naturelle, il ne faut pas en conclure qu'il y ait des esclaves par nature ; l'esclavage, au contraire, est contre la nature, par cela seul que tous les hommes naissent égaux.

Inutilité de l'Esclavage parmi nous.

De ce qui précède, il résulte que la servitude doit être restreinte à certains pays. Dans tous les autres, quelque pénibles que soient les travaux, on peut les faire avec des hommes libres : il ne suffit que de proportionner ces travaux à la force de celui qui les fait. Cela est d'autant plus facile parmi nous, et l'esclavage est, à cet égard, d'autant plus inutile, qu'au moyen des machines connues, on peut suppléer au travail forcé qu'ailleurs on fait faire aux esclaves. Il y a plus ; on pourrait dire qu'il n'est pas sur la terre de climat où l'on ne puisse engager les hommes libres au travail. Ce résultat sera l'effet des lois. De ce qu'elles ont été mauvaises, on a trouvé des hommes paresseux ; parce que les hommes étaient paresseux, on les a mis dans l'esclavage.

Des Nations chez lesquelles la liberté civile est généralement établie.

Ceux qui voudraient des esclaves dans les nations où la liberté civile est généralement établie, ne voient que l'utilité dont ils pourraient être à la petite partie riche et voluptueuse de la nation. Mais une utilité aussi bornée ne saurait consacrer le principe de la nécessité de l'esclavage, qui doit avoir pour base, non le luxe et la volupté d'un petit nombre d'hommes, mais la félicité publique. D'ailleurs quelle portion de la nation consentirait à être esclave ? Aucune. L'esclavage serait en horreur à tous, même aux plus misérables ; d'où l'on doit conclure qu'il ne saurait être légitime.

Diverses espèces d'Esclavage.

Il y a deux sortes de servitudes : la servitude réelle et la servitude personnelle. La première est celle qui attache l'esclave au fonds de terre, et dont les services ne s'étendent point à ce qui regarde les soins de la maison. L'autre regarde le ministère de la maison et se rapporte plus à la personne du maître. L'abus extrême de l'esclavage a lieu lorsqu'il est à la fois personnel et réel : telle était à Lacédémone la servitude des Ilotes. Les peuples simples n'ont qu'un esclavage réel, parce que leurs femmes et leurs enfans font les travaux domestiques. Les peuples voluptueux ont un esclavage personnel, parce que le luxe demande le service des esclaves dans la maison.

Ce que les Lois doivent faire par rapport à l'Esclavage.

De quelque nature que soit l'esclavage, les lois civiles doivent chercher à en ôter d'un côté les abus, de l'autre les dangers.

Abus de l'Esclavage.

L'utilité seule des maîtres doit être la base de l'établissement de l'esclavage : la volupté en serait l'abus. Le droit sur les femmes esclaves ne doit donc pas s'étendre jusque sur leur vertu ou leur honneur ; et la paresse, dont on ferait la récompense de la servitude, serait contraire au but de l'institution de l'esclavage. Quelle que soit, en outre, l'étendue du pouvoir d'un Etat, les lois sur la pudicité des esclaves sont toujours bonnes, en ce qu'en maintenant les mœurs des esclaves, elles arrêtent les effets de l'incontinence des maîtres et préviennent ainsi la corruption.

Danger du grand nombre d'esclaves.

Le grand nombre d'esclaves a des effets différens dans les divers gouvernemens. Il n'est pas dangereux et il est presqu'indifférent dans les Etats despotiques, où l'esclavage politique rend l'esclavage civil presqu'insensible ; où, ce qu'on appelle les hommes libres, étant à peu près aussi esclaves que les autres, il y a peu de distance entre la condition des uns et des autres. Il n'en est pas de même dans les Etats modérés. La liberté politique y rend la liberté civile plus précieuse, et la comparaison des avantages dont y jouissent les hommes libres, avec les privations des esclaves, rend ces derniers les ennemis de la société et leur nombre dangereux.

Des Esclaves armés.

Plus un gouvernement, par la nature de sa constitution, a de moyens de contenir les esclaves, moins il a lieu de craindre de les armer. Ainsi, dans une monarchie où un peuple guerrier et un corps de noblesse contiendront facilement ces esclaves armés, ils seront moins dangereux que dans une république où, tous les hommes étant uniquement citoyens, il sera plus difficile de contenir des gens qui, ayant les armes à la main, se trouveront égaux aux citoyens. De plus, si l'on mène les esclaves à la guerre, il n'en faut jamais faire un corps séparé ; il faut les répartir dans l'armée. De là, il résulte que, quand toute la nation est guerrière, les esclaves armés sont d'autant moins à craindre.

Précautions à prendre dans le gouvernement modéré.

Dans le gouvernement modéré, le meilleur moyen de prévenir le danger du trop grand nombre d'esclaves, c'est de les traiter avec humanité : on les accoutume ainsi insensiblement à leur servitude. La dureté en fera autant d'ennemis qu'on ne pourra retenir que par des lois non-seulement sévères, mais barbares : tandis que la douceur et les mœurs suffisant pour maintenir leur fidélité, rendront, à cet égard, les lois inutiles. C'est ce qui arriva chez les Romains : tant qu'ils vécurent, travaillèrent et mangèrent avec leurs esclaves, ils n'eurent point à craindre leur trahison. Lorsqu'au contraire, s'étant agrandis, leurs esclaves furent non plus les compagnons de leur travail, mais les instrumens de leur luxe, les mœurs n'existant plus, il fallut des lois terribles pour conserver la sûreté des maîtres, et, dès-lors, l'obéissance ne fut plus que le résultat de la crainte : la loi n'eut plus de confiance dans les esclaves, parce qu'ils n'avaient pas confiance eux-mêmes dans la loi.

Réglemens à faire entre le maître et les esclaves.

La loi doit pourvoir et le magistrat veiller à ce que l'esclave ait sa nourriture et son vêtement ; à ce qu'il soit soigné dans ses maladies et dans sa vieillesse. Quand elle permet de maltraiter ou d'ôter la vie à son esclave, elle doit prescrire les formalités qui enlèvent tout soupçon d'une action violente. Elle doit veiller à ce que des châtimens trop rudes ne soient point infligés et séparer le maître irrité contre son esclave, l'esclave irrité contre son maître. Si un citoyen maltraite l'esclave d'un autre, cet esclave, privé de la défense naturelle, doit avoir la ressource de la défense civile et son recours au juge. Enfin, la loi doit veiller à la sûreté de l'esclave. On conçoit facilement combien l'humanité, l'intérêt de la société et la conservation des mœurs exigent de semblables précautions.

Des affranchissemens.

Le grand nombre d'esclaves et le grand nombre d'affranchis sont tous deux dangereux dans une république, parce qu'il est difficile de contenir les uns et de procurer aux autres des moyens d'existence. La loi doit donc veiller à ces deux inconvéniens. Les réglemens à faire pour les affranchissemens dépendent des circonstances. Voici, cependant, quelques réflexions qui pourront guider le législateur. Il faut se garder de faire tout-à-coup et par une loi générale, un nombre considérable d'affranchissemens, pour éviter l'abus que les affranchis pourraient faire de leur liberté. On doit introduire insensiblement de nouveaux citoyens, soit en donnant un terme à la servitude, soit en mettant les esclaves à même d'acheter leur liberté, soit en les affranchissant un certain nombre par an, en faisant tomber le choix sur ceux qui, par leur industrie, leur âge ou leur santé, auraient le moyen de vivre. On peut diminuer encore le nombre des esclaves, en transportant certaines de leurs occupations aux ingénus. Lorsqu'il y a beaucoup d'affranchis, la loi civile doit fixer par elle-même ou par le contrat d'affranchissement, leurs devoirs envers leurs patrons, afin de les maintenir dans une certaine dépendance, qui peut avoir sur leurs mœurs une heureuse influence, et prévenir les excès d'une liberté entière.

Des affranchis et des eunuques.

Dans les républiques, il peut être utile que la condition des affranchis soit un peu au-dessous de celle des ingénus ; mais les lois doivent s'attacher à leur ôter le dégoût de leur condition. Dans le gouvernement d'un seul, lorsque le luxe et l'arbitraire règnent, les affranchis sont presque toujours au-dessus des hommes libres. Ils dominent dans la cour du prince et le palais des grands, parce que connaissant leurs faiblesses, ils se flattent et les font régner par leurs faiblesses mêmes. Quelque privilège que l'on accorde aux esclaves eunuques, ils ne peuvent jamais être regardés comme les affranchis ; car ne pouvant avoir de famille, ils sont, par leur nature, attachés à une famille. Que si, cependant, il existe des pays où leur permet de se marier, comme en Turquie, ce n'est que par une sorte de fiction qu'ils peuvent être considérés comme citoyens. C'est parce qu'ils n'ont point de famille, qu'on leur confie les magistratures. C'est parce qu'ils ont des magistratures qu'on leur permet le mariage ; ou par suite du peu de cas que l'on y fait des femmes. Il en résulte alors que n'ayant point de sens à satisfaire, ils y suppléent, et trouvent une espèce de puissance en s'abandonnant à des désirs effrénés et aux entreprises du désespoir.

Comment les Lois de l'Esclavage domestique ont du rapport avec la nature du Climat.

L'esclavage domestique est cette servitude des femmes établie, non pour la famille, comme celle civile, mais dans la famille.

Effets physiques du Climat dans ses rapports indirects avec l'Esclavage domestique.

Inégalité naturelle entre les deux sexes provenant du climat.

CLIMATS CHAUDS.

Dans les climats chauds, les femmes étant nubiles à huit, neuf et dix ans, le mariage et l'enfance y vont presque toujours ensemble. Elles sont vieilles à vingt ans : la raison ne se trouve donc jamais chez elles avec la beauté. Elles ne peuvent point, par conséquent, obtenir cet empire que donne la beauté, et que la raison leur refuse. Dès-lors, elles sont nécessairement dans la dépendance. Les hommes y sont plus portés à quitter leur femme pour en prendre une autre; et l'on conçoit sans peine que la polygamie s'introduit plus facilement dans ces climats que dans ceux froids ou tempérés.

CLIMATS TEMPÉRÉS.

Dans les climats tempérés, les femmes conservent mieux leurs agrémens, et étant nubiles plus tard, la raison et l'âge établissent entre elles et leurs maris une espèce d'égalité qui y rend la loi d'une seule femme plus naturelle : la pluralité des femmes doit nécessairement y être moins utile.

CLIMATS FROIDS.

Dans les climats froids, où l'usage des boissons fortes, presque nécessaire, établit l'intempérance parmi les hommes, les femmes ont sur eux l'avantage de la raison. Ainsi la loi qui ne permet qu'une femme se rapporte plus au physique du climat de l'Europe qu'au physique du climat de l'Asie.

Influence du climat sur la pluralité des femmes.

La pluralité des femmes dépend beaucoup de leur entretien. Ce n'est point la richesse qui l'introduit dans un état : la pauvreté peut y produire le même effet. La polygamie est moins un luxe que l'occasion d'un grand luxe. Dans les pays chauds, où l'on a moins de besoins et où il en coûte moins pour entretenir une femme et des enfans, on peut avoir, par cela même, un plus grand nombre de femmes.

De la Polygamie.

DE LA POLYGAMIE DANS SON RAPPORT AVEC LE CLIMAT.

S'il est vrai, comme il résulte de calculs faits en différens endroits de l'Europe, qu'il y naît plus de garçons que de filles, et qu'au contraire, d'après des relations de l'Asie et de l'Afrique, il naît, dans ces pays, beaucoup plus de filles que de garçons, la loi d'une seule femme, en Europe, et celle qui en permet plusieurs en Afrique et en Asie, ont un certain rapport au climat. Par suite de la même raison, la pluralité des maris est permise aux femmes dans les climats froids de l'Asie, où il naît plus de garçons que de filles. Toutefois, il ne faudrait pas en conclure que la polygamie fût une loi naturelle; mais seulement, qu'elle s'éloigne moins de la nature dans de certains pays que dans d'autres.

Raison d'une loi du Malabar.

Si, sur la côte du Malabar, dans la classe des Naïres, les hommes ne peuvent avoir qu'une femme, et une femme, au contraire, peut avoir plusieurs maris, ce n'est pas parce que la disproportion entre le nombre des femmes et des hommes autorise cette polygamie, mais parce que les Naïres étant la caste des nobles qui sont les soldats de toutes ces nations, on a voulu, pour leur conserver les goûts et l'esprit militaires, leur rendre le mariage le moins embarrassant possible.

DE LA POLYGAMIE EN ELLE-MÊME.

La polygamie, en elle-même, abstraction faite des circonstances qui peuvent la rendre tolérable, n'est utile ni au genre humain, ni à aucun des deux sexes. Elle a, au contraire, l'inconvénient de diminuer l'attachement pour les enfans, soit parce qu'il se trouve plus divisé, soit à cause de l'incertitude de la paternité. En outre, elle ne prévient pas toujours les désirs pour la femme d'un autre, et souvent elle conduit à cet amour que la nature désavoue.

Égalité de traitement dans le cas de pluralité.

De la loi de la pluralité des femmes, suit celle de l'égalité du traitement; c'est-à-dire, que les hommes qui usent de la polygamie dans les pays où elle est permise, doivent rendre tout égal entre leurs femmes : c'est le seul moyen de prévenir les troubles domestiques.

Séparation des femmes d'avec les hommes.

Là où la polygamie existe, la clôture des femmes et leur séparation d'avec les hommes sont indispensables, et commandées par l'ordre et la tranquillité domestiques, sur-tout lorsque le climat donne au physique une telle force que la morale ne peut servir de frein. Alors au lieu de préceptes inutiles, il faut des verroux : la contrainte seule peut retenir les femmes.

Conséquences des effets physiques du Climat appliquées aux lois de l'Esclavage domestique.

Servitude domestique dépendant de la polygamie.

CLÔTURE DES FEMMES, PRINCIPE DE LA MORALE DE L'ORIENT.

Dans le cas de multiplicité des femmes, plus la famille est divisée, plus les intérêts sont différens, et plus les lois doivent chercher à tout ramener à un même intérêt. La clôture est le meilleur moyen d'atteindre ce résultat : plus elle est sévère, moins les femmes peuvent avoir de communication non-seulement avec les hommes, mais même entre elles, plus la morale et les mœurs qui en dérivent, telles que la pudeur, la chasteté, la retenue, la paix, la dépendance, l'amour, y sont observées. Les femmes doivent toujours être éloignées des affaires et isolées des idées ou des distractions étrangères aux devoirs qui leur sont propres. Aussi les mœurs sont-elles plus pures dans les divers états d'Orient, à proportion que la clôture des femmes y est plus exacte. Au contraire, la corruption la plus inconcevable règne dans les Indes où, d'une part, le grand nombre des états, et, d'un autre côté, la pauvreté, ne permettant pas d'y contenir les femmes par une clôture aussi sévère. C'est là que les vices du climat exercent tous leurs désordres, que la nature a une force et la pudeur une faiblesse inconcevables.

Servitude domestique indépendante de la polygamie.

Il est certains lieux d'Orient où le climat exerce une telle influence sur les femmes auxquelles la lubricité fait commettre les crimes les plus odieux, qu'il exige leur clôture de même que la polygamie. Au contraire, dans les pays du Nord, la liberté des femmes, naturellement bonnes, douces et calmes dans leurs passions, loin d'avoir des inconvéniens, est un charme de plus pour la société.

Moyens de détruire les effets physiques du climat.

DE LA PUDEUR NATURELLE.

Si toutes les nations ont également attaché du mépris à l'incontinence des femmes, c'est parce que la pudeur est une loi de nature imposée à la femme. Aussi, loin de suivre les lois de la nature, l'incontinence les viole; c'est, au contraire, la modestie et la retenue qui leur obéissent. Lorsque la puissance physique du climat les fait oublier, les lois civiles doivent chercher à détruire autant qu'il est en elles, les effets de cette puissance, en ramenant aux lois primitives de la pudeur.

DE LA JALOUSIE.

Il existe, chez les peuples, deux jalousies qu'il ne faut pas confondre : l'une de passion qui n'est qu'un abus de l'amour même dont il tire son origine; l'autre, de coutume, de mœurs, de manières, d'institutions. Cette dernière jalousie étant presque toujours à la fois l'effet et le remède de la force physique du climat, les lois doivent l'entretenir pour prévenir les inconvéniens qui résulteraient de l'indifférence ou du mépris, avec lesquels elle peut très-bien s'allier.

Du Divorce et de la Répudiation.

Le divorce diffère de la répudiation en ce qu'il a lieu par consentement mutuel à cause d'incompatibilité de mœurs, tandis que la répudiation se fait par la volonté et pour l'avantage d'une seule des deux parties indépendamment de la volonté ou de l'avantage de l'autre. Par cela que le mari a plus de moyens de saisir et de remettre sa femme dans le devoir, la répudiation semble devoir être plutôt accordée à la femme, et le divorce seulement devoir être permis au mari, sur-tout dans les climats où les femmes vivent sous un esclavage domestique. Au moins est-il juste d'accorder la faculté de répudier, partout où elle a lieu, à la femme comme au mari. La répudiation pour cause de la stérilité de la femme ne peut exister que dans le cas d'une femme unique : cette raison n'a plus d'importance dans le cas de la pluralité des femmes. Bien que l'éternité du mariage repousse toute idée de rapprochement entre les deux époux séparés, cependant cette réunion peut être encore plutôt permise dans le cas de répudiation, qui semble plus tenir à la promptitude de l'esprit et à la passion de l'âme, que dans le cas de divorce, qui semble être le résultat d'une détermination réfléchie.

De la Répudiation et du Divorce chez les Romains.

Romulus permit au mari de répudier sa femme, si elle avait commis un adultère, préparé du poison ou falsifié les clefs. Il ne donna point aux femmes le droit de répudiation. Malgré la loi de Romulus, chez les premiers Romains, les femmes obtinrent ce droit, et, comme à Athènes, il était accordé à l'épouse de même qu'au mari : il faut en conclure que cette institution fut une de celles que les députés de Rome rapportèrent d'Athènes et qu'elle fut mise dans les lois des douze Tables. La faculté du divorce fut, sinon une disposition, au moins une conséquence de la loi des douze Tables; car si la répudiation est accordée à la femme et au mari, à plus forte raison doivent-ils pouvoir se quitter par une volonté mutuelle. Il ne fallait point de cause pour le divorce : l'incompatibilité en était une suffisante. Il ne pouvait en être ainsi pour la répudiation par la nature même de la chose. Denys d'Halicarnasse, Valère-Maxime et Aulugelle prétendent que, quoiqu'on eût à Rome la faculté de répudier sa femme, par respect pour les auspices, personne n'usa de ce droit jusqu'à Carvilius Ruga, qui répudia la sienne pour cause de stérilité. Indépendamment des preuves historiques, contraires à cette allégation, plusieurs passages de Plutarque font disparaître le merveilleux de ce fait.

Liaison du Gouvernement domestique avec le politique.

L'esprit de modération et de liberté qui règne dans une république y rend l'empire sur les femmes moins facile à exercer, par cela seul que cet empire serait opposé à l'égalité, principe de ce gouvernement. Dans l'état despotique, au contraire, la servitude des femmes est conforme au génie du gouvernement. En outre, la tranquillité de ces états demande que les femmes soient enfermées; autrement, leurs intrigues, fatales à leurs maris, en les rendant suspects attireraient sur eux les peines dues aux coupables : on aurait toujours à craindre l'effet des caprices ou des passions des femmes.

 # Comment les Lois de la Servitude politique ont du rapport avec la nature du Climat.

Influence du Climat sur les qualités physiques et morales des peuples en général, et par suite, sur la servitude et la liberté politiques.

Du climat de l'Europe et de l'Asie, et de ses conséquences.

Différence des peuples par rapport au courage.

La grande chaleur ôte la force, énerve le courage : le froid, au contraire, donne au corps et à l'esprit une certaine énergie qui rend capable des actions longues, pénibles, grandes et hardies. On ne doit donc pas être étonné que la lâcheté des peuples des climats chauds les ait presque toujours rendus esclaves, et qu'au contraire le courage des peuples des climats froids, les ait maintenus libres : deux conséquences forcées de l'influence du climat.

L'Asie, par sa position, ses diverses circonstances locales et la nature de son terrain, n'a point, pour ainsi dire, de zône tempérée; et les pays situés dans un climat très-froid, y touchent immédiatement ceux qui sont dans un climat très-chaud. En Europe, au contraire, la zône tempérée est très-étendue, quoique située dans des climats qui n'ont aucun rapport entre eux; mais comme le climat y devient insensiblement froid en allant du midi au nord à peu près à proportion de la latitude de chaque pays, il en résulte que chaque pays est à peu près semblable à celui qui en est voisin; qu'il n'y a pas entre eux une sensible différence. De là, il suit qu'en Asie les nations sont opposées du fort au faible; les peuples guerriers, braves et actifs touchent immédiatement des peuples efféminés, paresseux et timides : il faut donc que l'un soit conquis et l'autre conquérant. En Europe, au contraire, les nations sont opposées du fort au fort; celles qui se touchent ont à peu près le même courage. C'est la grande raison de la faiblesse de l'Asie et de la force de l'Europe, de la liberté de l'Europe et de la servitude de l'Asie. C'est ce qui fait qu'en Asie il n'arrive jamais que la liberté augmente, au lieu qu'en Europe elle augmente ou diminue, selon les circonstances.

Vérité de l'influence du climat sur le courage et la liberté ou la servitude des peuples, confirmée par des preuves historiques.

L'Asie (haute) a été subjuguée treize fois; onze fois par les peuples du nord, deux fois par ceux du midi. En Europe, au contraire, on ne connaît, depuis l'établissement des colonies grecques et phéniciennes que quatre grands changemens; et, dans ces changemens, on remarque une force générale répandue dans toutes les parties de l'Europe. On sait la difficulté que les Romains trouvèrent à conquérir en Europe, et la facilité avec laquelle ils envahirent l'Asie. On connaît les peines que les peuples du nord eurent à renverser l'Empire Romain, les guerres et les travaux de Charlemagne, les diverses entreprises des Normands. Les destructeurs étaient sans cesse détruits.

Quand les peuples du nord de l'Asie et ceux du nord de l'Europe ont conquis, les effets de la conquête n'étaient pas les mêmes.

Les peuples du nord de l'Europe l'ont conquise en hommes libres; les peuples du nord de l'Asie, l'ont conquise en esclaves. Cela vient de ce que les Tartares, conquérans naturels de l'Asie, sont devenus esclaves eux-mêmes. Despotique dans les pays conquis au midi, leur Prince a voulu l'être aussi dans les pays du nord. Exerçant un pouvoir arbitraire sur les sujets soumis, il l'a étendu sur les sujets conquérans, et ceux-ci n'ont pas su lui opposer la digue de la liberté. Aussi l'esprit de servitude du gouvernement chinois a-t-il été porté dans la Tartarie, et le génie des deux nations, quelqu'ennemies, a-t-il toujours été semblable; les peuples de l'Asie conduits par le bâton, les peuples tartares par les longs fouets. L'esprit des peuples de l'Europe fut toujours contraire à ces mœurs, parce que, combattant pour la liberté, ils l'établirent partout. Aussi le nord de l'Europe est-il regardé comme la fabrique des instrumens qui brisèrent les fers forgés au midi, comme la source de la liberté.

Nouvelle cause physique de la servitude de l'Asie et de la liberté de l'Europe.

L'Asie, par la nature de son sol et de son climat, a toujours été divisée en grands empires : dès-lors, le despotisme est le seul gouvernement qui lui soit propre; autrement, il se ferait un partage contraire à la nature du pays. L'Europe, par sa situation et ses circonstances topographiques, a toujours été naturellement partagée en États d'une médiocre étendue dans lesquels le gouvernement des lois non-seulement n'est pas incompatible avec le maintien de l'État, mais lui est même, en quelque sorte, indispensable. Aussi y règne-t-il un esprit de liberté qui repousse toute force étrangère, et ne peut être assujetti que par ses lois et l'utilité de son commerce, tandis que l'Asie a toujours été dominée par l'esprit de servitude.

Du climat de l'Afrique et de l'Amérique, et de ses conséquences.

L'Afrique est dans un climat pareil à celui de l'Asie, et elle est dans une même servitude.

L'Amérique détruite et nouvellement repeuplée par les nations de l'Europe et de l'Afrique, ne peut guère aujourd'hui montrer son propre génie; mais ce que l'on sait de son ancienne histoire est très-conforme aux principes tirés de l'influence du climat sur la servitude politique.

Combien il est important pour un Prince de bien choisir le siège de son Empire.

De ce qui précède, il résulte qu'il est important à un très-grand prince de bien choisir le siège de son Empire. Celui qui le placera au Midi courra risque de perdre le Nord; et celui qui le placera au Nord, conservera aisément le Midi. Ce principe est général et indépendant des cas particuliers.

Livre 18ᵉ.

Des Lois, dans le rapport qu'elles ont avec la Nature du Terrain.

Influence de la Nature, la Qualité et la Situation du Terrain sur la Liberté, la Servitude, les Mœurs, l'Industrie, la Subsistance, et par suite sur le Droit des Gens, le Droit politique, et, en général, sur les lois et les diverses Institutions des peuples.

Comment la nature du terrain influe sur la liberté.

Effets de la Fertilité ou de la Stérilité de la terre sur la liberté.

La bonté des terres d'un pays y établit naturellement la dépendance. Les gens de la campagne, qui y font la principale partie du peuple, sont moins jaloux de leur liberté par cela qu'ils sont trop occupés de leurs intérêts personnels. Une campagne qui regorge de biens, craint le pillage : elle craint une armée. Ainsi le gouvernement d'un seul se trouve plus souvent dans les pays fertiles, et le gouvernement de plusieurs dans les pays qui ne le sont pas; et l'expérience de l'histoire démontre que la démocratie, ou l'aristocratie qui s'en rapproche davantage, convient mieux que la monarchie aux pays stériles.

Les pays fertiles sont, en général, des plaines où l'on ne peut rien disputer au plus fort; on se soumet à lui, et, dès ce moment, l'esprit de liberté évanoui ne saurait revenir; les biens de la campagne sont un gage de la fidélité. Dans les pays de montagnes, au contraire, on, possédant peu, l'on a peu à conserver, la liberté est le seul bien qui mérite d'être défendu. Aussi y règne-t-elle plus que dans les pays favorisés de la nature; elle semble y être un dédommagement de la dureté du travail. Moins exposés à la conquête et plus difficiles à attaquer, les montagnards conservent un gouvernement plus modéré, et leur sûreté exige moins de lois.

Quels sont les pays les plus cultivés.

Les pays ne sont pas cultivés en raison de leur fertilité, mais en raison de la liberté dont on y jouit. Cela vient de ce que naturellement un peuple quittant un mauvais pays pour en chercher un meilleur, la plupart des invasions se font dans les pays favorisés de la nature; et comme la dévastation est souvent le résultat de l'invasion, les meilleurs pays sont, la plupart du temps, dépeuplés, tandis que l'affreux pays du Nord reste toujours habité, par la raison qu'il est presqu'inhabitable.

Nouveaux Effets de la fertilité ou de la stérilité du pays.

La stérilité des terres rend les hommes industrieux, sobres, endurcis au travail, courageux, propres à la guerre; il faut bien qu'ils se procurent ce que le terrain leur refuse. La fertilité d'un pays donne, avec l'aisance, la mollesse et un certain amour pour la conservation de la vie.

Des peuples des îles.

Ces peuples sont plus portés à la liberté que ceux du continent. Les mers les séparent, et l'on sent ordinairement d'une petite étendue de une partie du peuple ne peut pas être si liée; employés à opprimer l'autre; la mer les sépare des grands empires et la tyrannie ne peut pas s'y prêter la main : les conquérans sont arrêtés par la mer; les insulaires ne sont pas enveloppés dans la conquête, et ils conservent plus aisément leurs lois.

Des pays fermés par l'industrie des hommes.

Les pays tels que les deux belles provinces de Kiang-nan et Tche-kiang à la Chine, l'Egypte et la Hollande, que l'industrie des hommes a rendus habitables, et qui ont besoin, pour exister, de la même industrie, demandent des sages et un gouvernement modéré. Un pouvoir despotique y étoufferait cette industrie si nécessaire; aussi les anciens empereurs de la Chine n'étaient-ils point conquérans.

Des Ouvrages des hommes.

Les hommes, par leurs soins et par de bonnes lois, ont rendu la terre plus propre à leur demeure. C'est ainsi que les Perses, qui étaient les maîtres de l'Asie, permettaient à ceux qui amèneraient de l'eau de fontaine en quelque lieu qui n'aurait point été arrosé, d'en jouir pendant cinq générations; et comme il sort quantité de ruisseaux du mont Taurus, ils n'épargnèrent aucun soin pour faire venir de l'eau; en sorte qu'aujourd'hui, sans savoir d'où elle peut venir, on la trouve dans ses jardins, dans ses champs.

Rapport des Lois et du nombre des habitans d'un pays avec le mode de subsistance des peuples.

Les lois ont un très-grand rapport avec la manière dont les peuples se procurent leur subsistance. Il faut un code de lois plus étendu pour un peuple qui s'attache au commerce et à la mer que pour un peuple qui se contente de cultiver ses terres. Il en faut un plus grand pour ce dernier que pour un peuple qui vit de ses troupeaux; enfin, il en faut un plus grand encore pour celui-ci que pour un peuple qui vit de sa chasse.

Du Terrain de l'Amérique.

S'il y a tant de nations sauvages en Amérique, cela vient de la fertilité de son sol qui y produit de lui-même beaucoup de fruits dont on peut se nourrir. La chasse et la pêche achèvent, en outre, d'y mettre les hommes dans l'abondance; et les animaux qui paissent, y rétablissent mieux que les bêtes carnassières, qui ont eu, de tout temps, l'empire de l'Afrique. Ces avantages ne se rencontreraient point en Europe si l'on y laissait la terre inculte : elle n'y produirait que des forêts et des arbres inutiles à la subsistance des habitans; ce qui peut être une des causes de la civilisation des peuples de l'Europe.

Du Nombre des hommes dans le rapport avec la manière dont ils se procurent la subsistance.

Dans un pays où l'on ne cultive pas les terres, le nombre des hommes est en raison du produit du terrain. Ce nombre est plus considérable chez un peuple laboureur que chez un peuple pasteur, à besoin d'une plus grande étendue de pays; il est moindre chez un peuple chasseur que chez un peuple pasteur, parce que le premier a moins de moyens d'existence que le second.

Droit des gens, Lois civiles et Etat politique des peuples qui ne cultivent pas.

CHEZ LES PEUPLES QUI NE CULTIVENT PAS LES TERRES.

Des peuples sauvages et des peuples barbares.

Il y a cette différence entre les peuples sauvages et les peuples barbares, que les premiers sont de petites nations dispersées, qui, par quelques raisons particulières, ne peuvent pas se réunir, au lieu que les barbares sont ordinairement de petites nations qui peuvent se réunir. Les premiers sont, le plus souvent, des peuples chasseurs qui ne sauraient vivre en corps parce qu'ils ne pourraient se nourrir; les seconds, des peuples pasteurs qui peuvent vivre en corps au moins pendant le temps que leurs troupeaux peuvent être rassemblés.

Droit des gens

Ces peuples ne vivant pas dans un terrain limité et circonscrit, se disputeront la terre inculte, comme parmi nous les citoyens se disputent les héritages; leurs chasses, leurs pêches, la nourriture de leurs bestiaux, l'enlèvement de leurs esclaves, leur fourniront de fréquentes occasions de guerre, et n'ayant point de territoire, ils auront autant de choses à régler par le droit des gens, qu'ils en auront peu à décider par le droit civil.

Des Lois civiles

C'est le partage des terres qui grossit principalement le code civil. Chez les nations où l'on n'aura pas fait ce partage, il y aura très-peu de lois civiles. On peut appeler les institutions de ces peuples plutôt des mœurs que des lois. Chez eux, les vieillards ont une grande autorité à cause qu'elle est de leur expérience seule. Ces peuples étant presque toujours errans et dispersés, le mariage n'y sera pas aussi assuré que parmi nous, où il est fixé par la demeure : ils peuvent donc plus aisément changer de femmes, en avoir plusieurs et quelquefois se mêler indifféremment. Les peuples pasteurs ne pouvant se séparer de leurs troupeaux qui font leur existence, ils ne peuvent, non plus, se séparer de leurs femmes qui en ont soin. D'ailleurs, vivant ordinairement dans un pays de plaine, ils doivent rester rassemblés dans la crainte de devenir la proie de leurs ennemis. Leurs lois régleront le partage du butin, et auront, comme nos lois saliques, une attention particulière sur les vols.

De l'État politique

Ces peuples jouissent d'une grande liberté, par cela même que, ne cultivant point les terres, ils n'y sont pas attachés; et que, si l'on voulait entreprendre sur leur liberté, ils s'iraient chercher ailleurs, ou se retireraient dans les bois pour y vivre avec leur famille. Chez ces peuples, la liberté de l'homme est si grande, qu'elle entraîne nécessairement la liberté du citoyen.

Rapport de l'usage de la Monnaie avec la Culture des Terres.

CHEZ LES PEUPLES QUI NE CONNAISSENT PAS L'USAGE DE LA MONNAIE.

Des Peuples qui connaissent l'usage de la monnaie.

La monnaie est, comme les figures de géométrie, une preuve certaine que le pays où l'on en trouve est habité par un peuple policé. La culture des terres demande l'usage de la monnaie. Cette culture suppose beaucoup d'arts et de connaissances, et l'on voit toujours marcher d'un pas égal les arts, les connaissances et les besoins. Tout cela conduit à l'établissement d'un signe de valeurs pour la confection et l'usage duquel les métaux sont l'objet le plus convenable.

Des Lois civiles

Chez ces peuples, on ne connaît guères que les injustices qui viennent de la violence; et la violence ne peut être repoussée que par l'union des faibles. Il y a donc, dans ces pays, plus d'arrangemens politiques que de lois civiles à faire. Mais chez les peuples où la monnaie est en usage, les injustices viennent de la ruse; et peuvent s'exercer de mille manières, elles ne peuvent être repoussées que par de bonnes lois civiles. La monnaie, sous ce rapport, est donc la source de la plupart des lois civiles. Dans les pays où il n'y a point de monnaie, le ravisseur n'enlevant que des choses, et les choses ne se ressemblant jamais, rien ne peut être caché, parce que le ravisseur porte avec lui les preuves de sa conviction. Il n'en est pas de même dans les pays où il y a de la monnaie, parce que le ravisseur enlève des signes et que ces signes se ressemblent tous.

Des Lois politiques

Ce qui assure le plus la liberté des peuples qui ne cultivent point les terres, c'est que la monnaie leur est inconnue. Les fruits de la chasse, de la pêche ou des troupeaux, par la difficulté de les rassembler en assez grande quantité ou de les garder assez long-temps, ne sauraient, par ces seules raisons, être des moyens de corruption, comme le sont tous les autres signes de richesses. Chez les peuples qui n'ont point de monnaie, chacun a peu de besoins et les satisfait aisément et de la même manière. L'égalité est donc, en quelque sorte, forcée; aussi leurs chefs ne sont-ils pas despotiques.

Force de la superstition.

Les préjugés de la superstition, supérieurs à tous les autres, et souvent plus puissans que la raison elle-même, peuvent cependant forcer les mœurs naturelles d'un peuple. C'est ainsi que les Natchès, peuple de la Louisiane, sont esclaves quoiqu'ils n'aient pas de monnaie; et cela, parce qu'adorant le soleil, la superstition les assujettit au despotisme de leur chef qui a imaginé qu'il était frère du soleil.

Influence de la Situation du Terrain sur la Liberté et la Servitude.

De la Liberté des Arabes et de la Servitude des Tartares.

Les Arabes et les Tartares sont des peuples pasteurs : les Arabes sont libres, tandis que les Tartares se trouvent dans l'esclavage politique. Les Arabes vivant, indépendamment des raisons qui en ont déjà été données liv. 17, de ce que les Tartares habitent une plaine immense, ont des pâturages et des troupeaux, et par conséquent, des biens, sans avoir aucune espèce de retraite ni de défense, n'ayant ni villes, ni forêts, ni marais. Les hordes, continuellement en guerre, se conquièrent sans cesse les unes les autres, tous les seuls vaincus appartiennent au vainqueur; ils augmentent la nation qui, n'ayant pas de terres à cultiver, n'a pas besoin d'esclaves; et l'on reçoit que l'esclavage politique a dû s'introduire au lieu de l'esclavage civil. Ainsi, subjugués plusieurs fois dans chacune de ces parties, il est difficile que la nation ait pu garder une liberté qu'un peuple vaincu ne peut guères conserver que par la force de sa situation qui le rend à même de dicter des traités après sa défaite; mais les Tartares, toujours sans défense, vaincus une fois, n'ont jamais pu faire des conditions.

Du Droit des gens des Tartares.

Les Tartares paraissent entre eux doux et humains, et ils sont des conquérans très-cruels : ils passent au fil de l'épée les habitans des villes qu'ils prennent; ravagent et détruisent tout. La cause d'un pareil droit des gens peut provenir de ce que, n'ayant point de villes et faisant la guerre avec impétuosité, ils combattirent quand ils espéraient vaincre, et augmentent l'armée des plus forts quand ils ne l'espéraient pas. Ils trouvaient qu'il était contre leur droit des gens qu'une ville qui pouvait leur résister, les arrêtât; et considéraient les villes moins comme une communauté d'habitans que comme des lieux propres à repousser leurs attaques et leur invasion, la destruction entière de ces villes leur paraissait une conséquence forcée de la guerre.

Loi civile des Tartares.

Le P. Du Halde dit que, chez les Tartares, c'est toujours le dernier des mâles qui est l'héritier, par la raison qu'à mesure que les aînés sont en état de mener la vie pastorale, ils sortent de la maison avec une certaine quantité de bétail que leur père leur donne et vont former une nouvelle habitation. Le dernier des mâles qui reste dans la maison avec son père est donc naturellement l'héritier.

Rapport des Lois et des Mœurs des Germains avec les institutions d'un peuple qui ne cultivait pas les terres, ou qui, du moins, les cultivait peu. Rapport de ces Lois et de ces Mœurs avec les institutions d'un peuple pasteur.

D'une Loi civile des peuples germains.

La loi salique veut que, lorsqu'un homme laisse des enfans, les mâles succèdent à la terre salique au préjudice des filles. Le mot salique vient de *sala* qui signifie maison : la terre salique était donc la terre de la maison. « Les Germains, dit Tacite, n'habitent point de villes; ils ne peuvent souffrir que leurs maisons se touchent les unes les autres; chacun laisse autour de sa maison un petit terrain ou espace qui est clos et fermé. » Les Germains n'avaient donc de patrimoine que la maison et un morceau de terre dans l'enceinte autour de la maison. C'est ce patrimoine particulier qui appartenait aux mâles. Pourquoi aurait-il appartenu aux filles? elles passaient dans une autre maison. La terre salique était donc cette enceinte, la seule propriété des Germains. Les Francs, après la conquête, acquirent de nouvelles propriétés et l'on continua à les appeler des terres saliques. Lorsqu'ils vivaient dans la Germanie, leurs biens consistaient en esclaves, en chevaux, en troupeaux, en armes. La maison et la terre qui en dépendait, appartenaient naturellement aux mâles qui devaient y habiter. Mais, après la conquête, les propriétés s'étant étendues, il s'introduisit un usage qui permettait au père d'appeler à sa succession sa fille et les enfans de sa fille. Cet usage même fut consacré par des formules qui reconnaissent aux filles le droit de succéder comme aux enfans mâles. La loi salique n'avait donc point pour objet la préférence d'un sexe sur l'autre, moins encore celui d'une perpétuité de famille, de nom, ou de transmission de terre. C'était une loi purement économique, qui donnait la maison et la terre en dépendant aux mâles à qui elles convenaient le mieux puisqu'ils devaient l'habiter. La preuve en résulte du texte même du titre des aïeux de cette loi, d'après lequel, lorsqu'un homme mourait sans enfans, la loi voulait qu'un des deux sexes n'eût de préférence sur l'autre que dans de certains cas; et, souvent même, les femmes étaient préférées. Seulement, toutes les fois que le défunt laissait des enfans, les mâles succédaient à la terre salique à l'exclusion des femmes. Les filles n'étaient donc pas exclues indistinctement. Le texte de la loi salique à cet égard est éclairci par la loi des Francs ripuaires, la loi des Saxons et d'anciennes formules qui, toutes, établissent que les filles ne sont écartées par les mâles que lorsqu'elles concourent avec leurs frères. Autrement, comment entendre les histoires, les chartes et les formules qui parlent souvent des terres et des biens des femmes dans la première race. C'est à tort que l'on confond les terres saliques avec les fiefs. L'établissement des fiefs est postérieur à la loi salique. Il n'eut lieu qu'après la conquête des Francs; et loin que la loi salique, en bornant la succession des femmes, ait formé l'établissement des fiefs, ce fut cet établissement qui mit des limites à la succession des femmes et aux dispositions de la loi salique. Quoique ce qui vient d'être dit paraisse éloigner l'idée que la succession des mâles à la couronne de France pût venir de la loi salique, il est cependant certain qu'elle en vient; cela résulte des divers codes des peuples barbares. La loi salique et la loi des Bourguignons ne donnèrent point aux filles le droit de succéder à la terre avec leurs frères; elles ne succédèrent pas non plus à la couronne. La loi des Visigoths, au contraire, admit les filles à succéder aux terres avec leurs frères; les femmes furent capables de succéder à la couronne. Par la disposition de la loi salique, tous les frères succédèrent également à la terre, et c'était également la disposition de la loi des Bourguignons. Aussi, dans la monarchie des Francs et dans celle des Bourguignons, tous les frères succédèrent-ils à la couronne, sauf quelques violences, meurtres ou usurpations qui furent commis chez les Bourguignons. C'est ainsi que, chez ces peuples, la disposition de la loi civile força souvent la loi politique.

De la longue chevelure des rois francs.

Les peuples qui ne cultivent point les terres, n'ont pas même l'idée du luxe. L'admirable simplicité des peuples germains, qui n'avaient d'autres ornemens que ceux de la nature et la longue chevelure qui tenait lieu de diadème aux rois des Francs, des Bourguignons et des Visigoths, sont la preuve de cette vérité.

Des Mariages des rois francs.

Si, contre l'usage des peuples qui ne cultivent pas les terres et qui prennent ordinairement plusieurs femmes, les Germains étaient presque les seuls de tous les barbares qui se contentassent d'une seule femme, cela vient de ce que, chez eux, la prérogative d'en avoir plusieurs appartenait à quelques personnes seulement, en considération de leur noblesse. Cela explique comment les rois de la première race eurent un si grand nombre de femmes. Leur exemple n'était pas suivi de leurs sujets; par cela même que ces mariages étaient un attribut de dignité et non un témoignage d'incontinence.

Childéric.

« Les mariages, chez les Germains, sont sévères, dit Tacite. Les vices n'y sont point un sujet de ridicule; corrompre ou être corrompu ne s'appelle point un usage ou une manière de vivre : il y a peu d'exemples, dans une nation si nombreuse, de la violation de la foi conjugale. » Cela explique l'expulsion de Childéric. Il choquait les mœurs rigides que la conquête n'avait pas eu le temps de changer.

De la Majorité des rois francs.

Les peuples barbares qui ne cultivent point les terres n'ont pas proprement de territoire, et sont plutôt gouvernés par le droit des gens que par le droit civil : ils sont donc presque toujours armés. C'est ainsi que les Germains ne délibéraient jamais sans leurs armes, et que, sitôt qu'ils pouvaient les porter, ils étaient présentés à l'assemblée, sortant dès-lors de l'enfance, et faisaient partie de la république. Aussi la majorité s'acquérait-elle chez eux par les armes, et l'on voit, dans la loi des ripuaires, l'âge de quinze ans, la capacité de porter les armes et la majorité marcher ensemble. Chez les Bourguignons, la majorité était aussi à quinze ans; chez les Goths, c'était la vertu qui faisait la majorité. Chez les Francs, elle a varié : lorsque les armes étaient légères, la majorité pouvait avoir lieu à quinze ans; mais dans la suite, elles devinrent plus pesantes; du temps de Charlemagne, elles l'étaient déjà beaucoup; et ceux qui, ayant des fiefs, étaient par conséquent chargés du service militaire, ne furent plus majeurs qu'à vingt-un ans.

Chez les Germains, comme on ne pouvait pas aller à l'assemblée et faire partie de la république avant la majorité, il en résulta que, pour cette raison même, les enfans de Clodomir, roi d'Orléans et conquérant de la Bourgogne, ne furent point déclarés rois. Clotilde, leur aïeul, gouvernait l'État; mais leurs oncles Clotaire et Childebert, après les avoir égorgés, ayant partagé leur royaume, cet exemple fit, dans la suite, déclarer rois les princes pupilles, aussitôt la mort de leur père. Toutefois, les actes ne se passaient pas au nom des rois pupilles, et il y eut chez les Francs une double administration, celle concernant la personne du roi pupille, et celle qui regardait le royaume; et, dans les fiefs, il y eut une différence entre la tutelle et la baillie ou garde.

De l'Adoption chez les Germains.

Chez les Germains, l'adoption avait lieu de même que la majorité, en recevant les armes. Ainsi Gontran, voulant déclarer majeur son neveu Childebert, et de plus l'adopter, il lui dit : « J'ai mis ce javelot dans tes mains comme un signe que je t'ai donné mon royaume; et se tournant vers l'assemblée, « voyez que mon fils Childebert est devenu un homme, obéissez-lui. »

Esprit sanguinaire des rois francs.

Quoique, chez les Francs, plusieurs princes aient entrepris, comme Clovis, des expéditions dans les Gaules, si les té[moignages] : les Germains et les Francs accoururent à ce roi, c'est parce qu'il pouvait donner à ceux qui l'avaient suivi des établissemens considérables. Il résulta de cette puissance que Clovis conçut une ambition et une cruauté qui le portèrent à exterminer ses parens, dans la crainte que les Francs ne prissent un autre chef. Cet exemple fut suivi par ses successeurs; le frère, le fils, le père même conspirait contre sa famille; et, ce fut ainsi que la crainte, l'ambition et la cruauté voulaient toujours réunir la monarchie que la loi divisait sans cesse.

Des assemblées de la nation.

On a déjà dit que les peuples qui ne cultivent point les terres jouissent d'une grande liberté : les Germains étaient dans ce cas. Les auteurs, notamment Tacite et César, s'accordent à dire qu'ils ne donnaient à leurs rois qu'un pouvoir très-modéré; que les Francs n'avaient même pas de rois dans la Germanie avant la conquête des Gaules, et qu'avant comme après la conquête, ils laissèrent aux principaux d'entre eux le droit de délibérer sur les petites choses, et réservaient à toute la nation l'examen et la connaissance des affaires importantes.

De l'Autorité du clergé dans la première race.

Chez les peuples barbares, les prêtres n'ont ordinairement aucun pouvoir, parce qu'ils ne doivent tenir de la religion et la puissance que donne la superstition, chez ces peuples. Ainsi voit-on dans Tacite le grand pouvoir des prêtres chez les Germains; et l'on est étonné de voir, dès le commencement de la première race, ces évêques être arbitres des jugemens, s'ils eurent le droit de délibérer [illegible] les petites d'influence dans les assemblées de la nation, et dans les révolutions [illegible] affaires importantes de biens [illegible].

Des Lois, dans le Rapport qu'elles ont avec les Principes qui forment l'Esprit général, les Mœurs et les Manières d'une Nation.

Des Lois, dans le Rapport qu'elles ont avec les Principes qui forment l'Esprit général d'une nation.

Livre 19ème.

Combien, pour les meilleures lois, il est nécessaire que les esprits soient préparés.

Souvent, selon la disposition des esprits, les meilleures institutions peuvent ne pas convenir à un peuple. La liberté même a paru insupportable à des nations qui n'étaient pas accoutumées à en jouir. C'est ainsi qu'un air pur est quelquefois nuisible à ceux qui ont vécu dans des pays marécageux.

De la Tyrannie.

Il y a deux sortes de tyrannie; une réelle, qui consiste dans la violence du gouvernement; et une d'opinion, qui consiste à choquer la manière de penser ou l'esprit général d'une nation. Dion raconte qu'Auguste voulut se faire appeler Romulus, et que la crainte seule d'être regardé comme roi, l'en empêcha. Bien qu'il en eut, ainsi que César et les triumvirs, toute la puissance, il se garda toujours d'en affecter la liste, conservant au contraire tout l'extérieur de l'égalité, et ménageant ainsi l'esprit des Romains de son temps, qui ne voulaient pas de rois pour n'en point souffrir les manières, différens en cela des premiers Romains qui ne voulaient point de roi, parce qu'ils ne pouvaient en souffrir la puissance. Dion rapporte aussi qu'Auguste avait indisposé les Romains par des lois trop dures, et qu'il se les reconcilia en leur rendant le comédien Pylade qui avait été chassé par les factions. Étrange bizarrerie qui prouve que la tyrannie d'opinion peut produire des effets aussi funestes que la tyrannie réelle.

Ce que c'est que l'esprit général d'une nation.

Plusieurs choses gouvernent les hommes: le climat, la religion, les lois, les maximes du gouvernement, les exemples des choses passées, les mœurs, les manières; d'où il se forme un esprit général qui résulte de chacune de ces causes, qui agit sur une nation, et la domine à son insu.

Combien il faut être attentif à ne point changer l'Esprit général.

S'il pouvait y avoir dans le monde une nation qui joignît quelques défauts à toutes les qualités généreuses et sociales (la nation française), il ne faudrait point, par des lois, gêner ses manières, dans la crainte de gêner ses vertus. Mieux vaudrait encore lui laisser ses vices politiques, si le caractère était bon, que d'apporter un changement à cet esprit général, source de ses vertus. Si un peuple est naturellement gai, que le législateur ne cherche pas à lui donner un esprit de pédanterie; qu'il lui laisse faire sérieusement les choses frivoles, et gaiement les choses sérieuses; que, dans les lois et les institutions, il s'attache à suivre l'esprit de la nation, toutes les fois que cet esprit n'est pas contraire aux principes du gouvernement. L'obéissance sera plus grande pour cela qu'elle sera plus libre, et l'État ne pourra qu'y gagner au-dedans et au-dehors.

Qu'il ne faut pas tout corriger.

Dans la supposition d'une nation semblable, il serait plus convenable de laisser subsister certains défauts dont les effets seraient en quelque sorte neutralisés par les qualités. En voulant tout corriger, on s'exposerait à dénaturer cet esprit général dont la conservation serait si précieuse.

Des Athéniens et des Lacédémoniens.

Les Athéniens avaient une vivacité et une gaîté naturelles même dans les affaires sérieuses. Les Lacédémoniens, au contraire, étaient graves, sévères, taciturnes. On n'aurait pas plus tiré parti d'un Athénien en l'ennuyant, que d'un Lacédémonien en le divertissant.

Effets de l'humeur sociable.

Plus les peuples se communiquent, plus ils changent aisément de manières, parce que chacun est plus un spectacle pour un autre; on voit mieux les singularités des individus. Le climat, qui fait qu'une nation aime à se communiquer, fait aussi qu'elle aime à changer; et ce qui fait qu'une nation aime à changer, fait aussi qu'elle se forme le goût. La société des femmes gâte les mœurs et donne du goût; l'envie de plaire plus que les autres établit les parures, et l'envie de plaire plus que soi-même établit les modes. Les modes sont un objet important; à force de se rendre l'esprit frivole, on augmente sans cesse les branches de son commerce.

De la Vanité et de l'Orgueil des nations.

L'orgueil est cette opinion trop avantageuse de soi-même qui fait que l'on s'estime outre mesure. La vanité est ce sentiment qui nous porte à vouloir être estimés. L'homme orgueilleux, plein de lui-même, et uniquement occupé de sa personne, se considère dans ses propres idées; l'homme vain, avide d'estime et désireux d'occuper la pensée de tout le monde, se regarde dans les idées d'autrui. La vanité est un sentiment aussi bon ressort pour un gouvernement que l'orgueil en est un dangereux. Pour être convaincu, on n'a qu'à se représenter, d'un côté, les biens sans nombre qui résultent de la vanité; le luxe, l'industrie, les arts, la mode, la politesse, le goût; et d'un autre côté, les maux infinis qui naissent de l'orgueil de certains peuples; la paresse, la pauvreté, l'abandon de tout, la destruction des nations que le hasard a fait tomber entre leurs mains, et la leur même. La paresse est l'effet de l'orgueil; le travail une suite de la vanité; l'orgueil d'un Espagnol le portera à ne rien faire; la vanité d'un Français le fera mieux travailler que les autres. Toute nation paresseuse est grave; ceux qui ne travaillent pas se regardent comme souverains de ceux qui travaillent. Qu'on examine toutes les nations, on les verra que, dans la plupart, la gravité, l'orgueil et la paresse marchent d'un même pas. Cependant quelquefois, comme on l'a vu chez les Romains, l'orgueil peut produire d'utiles et honorables effets quand il est joint à d'autres qualités morales, à la grandeur d'âme et à la noblesse des idées.

Du Caractère des Espagnols et de celui des Chinois.

Les divers caractères des nations sont mêlés de vices et de vertus, de bonnes et de mauvaises qualités. Il résulte de ces mélanges ou de grands biens ou de grands maux qu'on ne soupçonnerait souvent pas. C'est ainsi que, de tous les temps, les Espagnols ont eu une honnêteté et une fidélité éprouvées; mais cette qualité, jointe à leur paresse, forme un mélange dont il résulte des effets qui leur sont particuliers. Les peuples de l'Europe font sans yeux tout le commerce de leur monarchie. Chez les Chinois, au contraire, la vie précaire, résultant de la nature du terrain et du climat, donne une activité prodigieuse et un désir si excessif de gain, qu'aucune nation commerçante ne peut se fier à ce peuple; et cette infidélité même a conservé aux Chinois le commerce exclusif du Japon, aucun négociant de l'Europe n'ayant osé entreprendre de le faire sous leur nom.

RÉFLEXIONS TIRÉES DE CE QUI PRÉCÈDE.

Ce qui précède n'a pour but de diminuer en rien la distance entre les vices et les vertus; mais, seulement, d'établir que tous les vices politiques ne sont pas des vices moraux, et que tous les vices moraux ne sont pas des vices politiques; ce que ne doivent point ignorer ceux-qui font des lois qui choquent l'Esprit général.

Des Lois, dans le Rapport qu'elles ont avec les Principes qui forment les Mœurs et les Manières d'une nation.

Des Manières et des Mœurs dans l'État despotique.

Maxime capitale; il ne faut jamais changer les mœurs et les manières dans l'État despotique; ce changement serait bientôt suivi d'une révolution: c'est que, dans ces États, il n'y a pas de lois, pour ainsi dire; il n'y a que des mœurs et des manières; les renverser, c'est tout détruire. Les lois sont établies, les mœurs sont inspirées; celles-ci tiennent plus à l'esprit général, et les lois à une institution spéciale; or il est plus dangereux de renverser l'esprit général que de détruire une institution particulière. La distance des rangs et des pouvoirs, dans l'État despotique, nuit à la communication des sujets; la liberté, au contraire, lui est favorable. Les mœurs et les manières sont donc plus fixes dans ce gouvernement, elles se rapprochent plus des lois, le prince ou le législateur doit moins les choquer qu'ailleurs. En outre, les femmes, y étant ordinairement enfermées, n'ont point de ton à donner. Au contraire, dans les autres pays où elles vivent avec les hommes, le désir réciproque de se plaire, naturel aux deux sexes, tend à changer continuellement les manières et à introduire l'arbitraire dans ce qui était absolu.

Des Manières chez les Chinois.

C'est sur-tout à la Chine que les manières sont indestructibles, parce qu'indépendamment de la séparation où les femmes y sont d'avec les hommes, on y enseigne dans les écoles les manières comme les mœurs, en telle sorte qu'elles y sont fixes comme des principes de morale, et ne changent plus.

Quels sont les moyens naturels de changer les Mœurs et les Manières d'une nation.

De même que les lois doivent être changées par les lois, de même les mœurs et les manières doivent être changées par d'autres mœurs et d'autres manières. Changer par les lois ce qui doit être changé par les manières, ce serait une politique dangereuse, un mauvais moyen, une espèce de tyrannie. La raison en est que les lois ne tenant qu'aux institutions particulières et précises du législateur, elles peuvent être modifiées par d'autres institutions; tandis que les mœurs et les manières tenant aux institutions de la nation en général, à l'esprit qui lui est propre, elles ne peuvent être changées que lentement et par degrés, et non par une réforme subite du genre de celle apportée par les lois. De là il suit que, comme on ne saurait empêcher les crimes que par des peines, on ne peut aussi changer les manières que par les exemples. Aussi Pierre Ier. s'y prit-il mal lorsque, par des lois et des moyens violens, il voulut réformer les mœurs et les manières des Moscovites qui étaient naturellement portés à les changer pour prendre celles de l'Europe, comme plus convenables à leur climat que celles qu'ils avaient eues jusqu'alors. En général, les peuples sont très-attachés à leurs coutumes; les leur ôter violemment, c'est les rendre malheureux: on ne doit donc pas les changer, mais les amener à les changer eux-mêmes; autrement on leur inflige une peine tyrannique puisqu'elle ne dérive pas de la nécessité.

Influence du Gouvernement domestique sur le politique.

Le gouvernement politique est nécessairement lié au gouvernement domestique: celui-ci a sur l'autre une influence directe; et tout changement essentiel dans le gouvernement domestique en amène naturellement et nécessairement un dans le gouvernement politique.

Comment quelques législateurs ont confondu les Principes qui gouvernent les hommes.

Les mœurs et les manières sont des usages que les lois n'ont pas établis, ou n'ont pas pu ou n'ont pas voulu établir. Il y a cette différence entre les lois et les mœurs, que les lois règlent plus les actions du citoyen, et les mœurs règlent plus les actions de l'homme. Il y a cette différence entre les mœurs et les manières, que les premières regardent plus la conduite intérieure, les autres la conduite extérieure. Quelquefois, dans un État, ces choses se confondent: c'est ainsi que Lycurgue et les législateurs de la Chine firent un même code pour les lois, les mœurs et les manières. Cela vient de ce que souvent les mœurs tiennent lieu de lois, et les manières représentent les mœurs. Les législateurs chinois ayant pour principal objet de faire vivre leurs peuples tranquilles, voulurent que les hommes, en se respectant beaucoup, sentissent qu'ils se devaient beaucoup les uns aux autres, et que chaque citoyen dépendait en quelque sorte de son concitoyen. Ils donnèrent donc la plus grande étendue aux règles de la civilité bien différente de la politesse qui ne fait que flatter les vices des autres; car la civilité, en nous empêchant de mettre nos vices au jour, est une barrière que les hommes mettent entre eux contre la corruption. Lycurgue n'ayant en vue que l'esprit belliqueux qu'il voulait inspirer à son peuple, lui donna des institutions sévères et dures. Chez une nation semblable, la pratique des vertus était plus naturelle et plus nécessaire que les égards résultant de la civilité.

Propriété particulière au Gouvernement de la Chine.

Les législateurs de la Chine confondirent la religion, les lois, les mœurs et les manières: ce mélange fut la morale, il fut la vertu. Les préceptes qui regardaient ces quatre points furent ce qu'on appela les rites. Ce fut dans l'observation de ces rites que le gouvernement chinois triompha. On passa toute sa jeunesse à les apprendre, toute sa vie à les pratiquer: et, comme ils enveloppaient toutes les petites actions de la vie, lorsqu'on trouva moyen de les faire observer exactement, la Chine fut bien gouvernée. Deux choses ont pu graver profondément les rites dans le cœur et l'esprit des Chinois. L'une, leur manière d'écrire extrêmement composée, qui, en établissant l'émulation, la fuite de l'oisiveté et l'estime pour le savoir, a tenu continuellement l'esprit occupé de ces rites, parce qu'il a fallu apprendre dans les livres et pour les livres qui les contenaient. L'autre, que les rites n'ayant rien de spirituel, mais contenant simplement les règles d'une pratique commune, il est plus aisé d'en convaincre et frapper les esprits que d'une chose intellectuelle. Les princes qui voulurent gouverner par la force des supplices au lieu de gouverner par les rites, arrêtèrent bien un moment les conséquences du mal général, mais ne le corrigèrent pas. Ils détruisirent les mœurs, l'État tomba dans l'anarchie, et l'on vit des révolutions.

Conséquence.

Les manières, les mœurs, les lois et la religion étant la même chose à la Chine, il en résulte qu'elle ne perd pas ses lois par la conquête, et que le vainqueur a toujours été obligé de se plier peu à peu au peuple vaincu; par cela seul que ses mœurs, ses lois, sa religion et ses manières n'étant point essentiellement confondues comme chez les Chinois, il lui a été plus facile de prendre insensiblement celles des vaincus qu'à ceux-ci d'adopter celles du vainqueur. Par cette même raison, il est presqu'impossible à la religion chrétienne de s'établir jamais à la Chine, ses institutions fondamentales renversant entièrement les mœurs, les manières, la religion et les lois du pays. La religion chrétienne, par son culte public, sa participation aux mêmes sacremens, et son esprit de charité, semble demander que tout s'unisse; les rites des Chinois semblent ordonner que tout se sépare; et comme cette séparation tient en général à l'esprit du despotisme, c'est une des raisons qui font que le gouvernement monarchique et tout gouvernement modéré s'allie mieux avec la religion chrétienne.

Comment s'est faite cette Union de la Religion, des Lois, des Mœurs et des Manières chez les Chinois.

Les législateurs de la Chine ayant pour principal but la tranquillité du gouvernement, la subordination leur parut le moyen le plus propre à la maintenir; et, dans cette idée, ils crurent devoir inspirer le respect pour les pères. Ils établirent une infinité de rites et de cérémonies pour les honorer pendant leur vie et après leur mort. Les cérémonies pour les pères morts avaient plus de rapport à la religion; celles pour les pères vivans regardaient plus les lois, les mœurs et les manières. Ce respect pour les pères s'étendait nécessairement sur tous ceux qui les représentaient, les vieillards, les maîtres, les magistrats, l'empereur: et de là résultait des liens réciproques d'amour entre les sujets. Tout cela formait les rites, et ces rites l'esprit général de la nation. Cet empire établi sur l'idée du gouvernement d'une famille, on conçoit combien, en diminuant l'autorité paternelle, ou même en retranchant les cérémonies qui expriment le respect que l'on a pour elle, on affaiblit le respect pour les magistrats qu'on regarde comme des pères; et combien, par une conséquence inévitable, ce rapport entre eux et, par suite, entre le prince et les sujets, se perd insensiblement. Il est donc essentiel pour le maintien de la constitution fondamentale de conserver toutes ces pratiques extérieures, toutes ces cérémonies, ces rites qui rappellent sans cesse à un sentiment qu'il est nécessaire d'imprimer dans les cœurs, et qui va de tous les cœurs former l'esprit général qui gouverne l'empire.

Explication d'un paradoxe sur les Chinois.

Ce qu'il y a de singulier, c'est que les Chinois, dont la vie est entièrement dirigée par les rites, sont, néanmoins, le peuple le plus fourbe de la terre. On peut expliquer ainsi cette contradiction: les législateurs de la Chine ont eu deux objets: ils ont voulu que le peuple fût soumis et tranquille, et qu'il fût laborieux et industrieux. Par la nature du climat et du terrain, il a une vie précaire; il n'y est assuré de son existence qu'à force de travail et d'industrie. C'est la nécessité, et peut-être la nature du climat, qui a donné aux Chinois une vérité incoercible pour le gain, et les lois n'ont pas songé à l'arrêter. Tout a été défendu quand il s'est agi d'acquérir par violence; tout a été permis quand il s'est agi d'obtenir par artifice ou par industrie. De même qu'à Lacédémone il était permis de voler, de même, à la Chine, il est permis de tromper.

Comment les Lois doivent être relatives aux Mœurs et aux Manières.

Il ne peut y avoir que des institutions singulières qui confondent, comme à la Chine, des choses naturellement séparées, les lois, les mœurs et les manières. En principe, le législateur doit respecter, jusqu'à un certain point, les préjugés, les passions, les abus. Il doit imiter Solon qui avait donné aux Athéniens, non les meilleures lois en elles-mêmes, mais les meilleures qu'ils pussent avoir.

Autre principe: les lois doivent suivre les mœurs; quand le peuple a de bonnes mœurs, les lois deviennent simples.

Comment les Lois doivent suivre les Mœurs.

Dans le temps que les vertus des Romains étaient pures, il n'y avait point de loi particulière contre le péculat. Quand ce crime commença à paraître, il fut trouvé si infâme, que, être condamné à restituer ce qu'on avait pris fut regardé comme une grande peine.

Les lois qui donnent la tutelle à la mère ont plus d'attention à la conservation de la personne du pupille; celles qui la donnent au plus proche héritier ont plus d'attention à la conservation des biens. Chez les peuples dont les mœurs sont corrompues, il vaut mieux conférer la tutelle à la mère. Chez ceux où les lois doivent avoir de la confiance dans les mœurs des citoyens, on donne la tutelle à l'héritier des biens, ou à la mère, ou quelquefois à tous les deux. C'est ainsi qu'à l'époque où l'on fit la loi des douze Tables, les mœurs des Romains étaient admirables, et que l'on ne craignit point de confier la tutelle au plus proche parent du pupille. Mais lorsque les mœurs changèrent, les dispositions des législateurs à cet égard changèrent aussi; les manifestent-être des cœurs et prirent des précautions inconnues des premiers Romains.

C'est encore ainsi que la loi romaine et la loi des Visigoths apportent une distinction à cause de noces, différentes restrictions suivant leurs différentes mœurs.

Autres exemples tirés de la loi de Théodose et de Valentinien qui établissent comment les lois suivent les mœurs.

Comment les Lois peuvent contribuer à former les Mœurs, les Manières et le Caractère d'une Nation.

On a donné livre 11°. les principes de la constitution d'un peuple libre: on va voir maintenant les effets qui ont dû suivre, le caractère qui a pu s'en former et les manières qui en résultent. Entre les deux pouvoirs visibles, la puissance législative et celle exécutrice, tout citoyen, ayant le libre exercice de sa volonté et de son indépendance, agit en tout, à son choix, la plupart des hommes n'ayant point assez d'équité ni de vues pour les affectionner également tous les deux; et comme la puissance exécutrice, qui dispose de tous les emplois, pourrait donner de grandes espérances et jamais de craintes, tous ceux qui obtiendraient d'elle, seraient portés à se ranger de son côté; et elle pourrait être attaquée par ceux qui n'en espéreraient rien. Les passions y paraîtraient dans toute leur étendue, et contrebalancées même, comme ne puisant véhicule, à la force et au soutien du gouvernement. La haine, qui existerait entre le parti de l'opposition et le parti contraire, durerait parce qu'elle serait toujours impuissante; mais les hommes de ces deux partis étant libres, la liberté elle-même détruirait l'oppression. Selon ses caprices et ses fantaisies, on changerait souvent de côté. On s'abandonnerait; un on un laisserait ses amis pour se lier à un autre dans lequel on trouverait ses ennemis, et ainsi, l'on pourrait souvent oublier les lois de l'amitié et celles de la haine. Le monarque serait dans le même cas que les particuliers. Souvent, contre les maximes ordinaires de la prudence, il serait obligé, dans son propre intérêt, de donner sa confiance à ceux qui l'ont le plus choqué et de l'ôter à ceux qui l'ont le mieux servi. Le peuple craignant de perdre une liberté qu'il sent, mais qu'il ne connaît guères, serait toujours inquiet sur sa situation; et ceux qui s'y porteraient le plus à la puissance exécutrice, chercheraient à augmenter ses terreurs, en feignant ainsi de prendre ses intérêts, mais au fond pour se faire des partisans et arriver à leur but. Toutefois, le corps législatif, ayant la confiance du peuple et plus éclairé que lui, le ramènerait. Si les terreurs imprimées n'avaient pas d'objet certain, elles ne produiraient que de vaines clameurs et des injures, et elles serviraient même et bon effet, qu'elles tiendraient tous les ressorts du gouvernement et rendraient tous les citoyens attentifs. Si, au contraire, elles naissaient à l'occasion du renversement des lois fondamentales, elles seraient sourdes, funestes, atterrées et conserveraient des catastrophes. Dans la première cas, qu'une puissance étrangère menace l'État, tous les intérêts se réuniraient pour protéger la puissance exécutrice. Dans le second cas, il y aurait une révolution qui ne changerait ni la forme du gouvernement, ni sa constitution: car les révolutions qu'engendre la liberté ne sont qu'une confirmation de la liberté même; et tout homme qui a assez de force pour chasser celui qui est déjà maître absolu dans un État, en a assez pour le devenir lui-même. Dans cet État, on dirait et on écrirait tout ce que les lois n'auraient pas défendu expressément, parce que, pour jouir de la liberté et pour la conserver, il faut que chacun puisse dire ce qu'il pense. L'amour excessif de sa liberté ferait porter les impôts les plus durs, et tels que le prince le plus despote n'oserait les imposer à ses sujets. Elle aurait un crédit sûr, parce qu'elle emprunterait à elle-même et se paierait elle-même. Pour conserver sa liberté, elle emprunterait au-delà de ses forces; et, pour la conservation de sa liberté et de son territoire, seraient toujours prêts à faire de nouveaux efforts. Si cette nation habitait une île, elle ne serait pas conquérante, parce que les conquêtes au-dehors ne pourraient que l'affaiblir et qu'elle n'aurait pas besoin de la guerre pour s'enrichir. Aussi irait-elle plus au gain à la liberté que la gloire de quelques citoyens, et les qualités civiles seraient-elles plus considérées. Elle serait, par sa nature, portée au commerce qu'elle serait la première à préférer avec les peuples qui lui procureraient les marchandises que son climat lui refuserait. Commerçante et susceptible à raison du nombre prodigieux de petits intérêts particuliers qu'elle aurait à défendre, d'être choquée d'une infinité de matières, elle serait souverainement jalouse et s'affligerait plus de la prospérité des autres qu'elle ne jouirait de la sienne. Si elle formait des colonies, ce serait plutôt pour étendre son commerce que sa domination. Elle transporterait les peuples de ses colonies la forme de son propre gouvernement. Cette nation, habitant une grande île et étant en possession d'un grand commerce, aurait toutes sortes de facilités pour se procurer des forces de mer; et la conservation de sa liberté et de son territoire exigeant en plus fortes, ni armée de terre, elle aurait besoin d'une armée de mer et d'une marine supérieure qui la prémunirait d'une invasion, et qui, en lui assurant l'empire de la mer, lui inspirerait une fierté naturelle. Elle pourrait avoir une grande influence dans les affaires de ses voisins qui rechercheraient son amitié et craindraient sa haine. Elle serait, dans les negociations, plus de probité et de bonne foi que les autres nations, parce que ses ministres étant responsables, et quelque sorte, des événemens qu'une conduite détournée pourrait faire naître, et obligés de justifier leur conduite devant un conseil populaire, ils auraient à craindre de se compromettre s'ils avaient de déloyauté. À l'égard de la religion, dans cette nation, chaque citoyen étant conduit par ses lumières en ses caprices, ou il existerait pour toutes les religions quelqu'idée souvent une indifférence qui porterait à embrasser la religion dominante, ou il y aurait pour la religion en général une utile qui donnerait lieu à une infinité de sectes. Toutefois, quelque fut leur religion, les citoyens ne souffriraient jamais qu'on les obligeât à en changer, ni qu'on cherchât à exercer sur eux aucune autorité, persuadés que la vie et les biens ne sont pas plus à eux que leur manière de penser; et que, qui peut ravir l'un, peut encore mieux l'autre. Les dignités, faisant partie de la constitution fondamentale de l'État, seraient plus fixes qu'ailleurs; mais, d'un autre côté, les grands, dans ce pays de liberté, s'approcheraient plus du peuple; les rangs seraient donc plus séparés et les personnes plus confondues. Ceux qui gouvernent, ayant une puissance qui se refait tous les jours, y seraient plus de cas des personnes utiles, que de celles qui les amuseraient; il y aurait donc peu de flatteurs, de complaisans et de courtisans; les qualités réelles seules y seraient estimées. Comme on serait toujours occupé de ses intérêts, on n'aurait point cette politesse qui naît de l'oisiveté et qui est une conséquence presque nécessaire du gouvernement absolu. Chaque citoyen pensant pour l'administration de l'État, s'adonnerait moins à la société des femmes. Il en résulterait pour elles une modestie et une timidité qui serviraient leur vertu; tandis que les hommes, sans galanterie, se jetteraient dans une débauche qui leur laisserait toute leur liberté. On parlerait sans cesse de politique, par cela seul que la constitution donnerait à tout le monde une part au gouvernement et des intérêts politiques. Peu importerait qu'on eût raison ou non; il suffirait qu'on eût raisonné; ni, si, dans un gouvernement despotique, le raisonnement seul est dangereux au maintien de l'État, dans une nation libre, le raisonnement seul contribue à l'affermissement de la liberté. Autres citoyens se craignant aucun citoyen, cette nation serait fière: la fierté n'est fondée que sur l'indépendance. Les sauvages d'esprit même se ressentiraient du caractère de la nation. Ils seraient, en général, sérieux, profonds, d'une satire plus sanglante que piquante; les profils aimeraient plus souvent cette rudesse originale de l'invention qu'une certaine délicatesse que donne le goût.

Livre 20ᵇᵘᵉ.

Des Lois, dans le rapport qu'elles ont avec le Commerce, considéré dans sa nature et ses distinctions.

Du Commerce en lui-même, et de son Esprit.

Du Commerce.

Le commerce guérit des préjugés destructeurs; et c'est une règle presque générale, que partout où il y a des mœurs douces, il y a du commerce; et que partout où il y a du commerce, il y a des mœurs douces. On peut dire que les lois du commerce perfectionnent les mœurs, par la même raison que ces mêmes lois perdent les mœurs. Le commerce corrompt les mœurs pures; il polit et adoucit les mœurs barbares, comme on le voit tous les jours.

De l'esprit du Commerce.

L'effet naturel du commerce est de porter à la paix; mais s'il entretient l'union entre les nations, il ne rapproche la conscience de leurs besoins réciproques, il n'unit pas de même les particuliers. Dans les pays où règne exclusivement l'esprit du commerce, on trafique de tout, jusqu'aux actions humaines et aux vertus morales. Cet esprit détruit le brigandage que produit souvent l'absence totale du commerce; mais il inspire aux hommes un certain sentiment de justice exacte qui les porte à étendre rigoureusement leurs intérêts et à n'en jamais faire le sacrifice. Aussi, a-t-on remarqué que l'hospitalité était très-rare dans les pays de commerce.

De la pauvreté des Peuples.

Il y a deux sortes de peuples pauvres; ceux que la dureté du gouvernement a rendu tels; et ces peuples sont incapables de presqu'aucune vertu, parce que leur pauvreté fait une partie de leur servitude; et ceux qui ne sont pauvres que parce qu'ils ont dédaigné, ou parce qu'ils n'ont pas connu les commodités de la vie: ces peuples peuvent faire de grandes choses, parce que leur pauvreté fait une partie de leur liberté.

Rapport du Commerce avec la Constitution.

Du Commerce dans les divers Gouvernemens.

Le commerce est lié à la constitution. Sa nature doit être réglée ou se règle d'elle-même par la nature du gouvernement. Il y a deux espèces de commerce: celui de luxe et celui d'économie. Le premier convient mieux au gouvernement d'un seul, à la monarchie, où sont établis le luxe et la dépense, incompatibles avec l'esprit de trafic. L'autre est plus propre au gouvernement de plusieurs, à la république, où règne ordinairement un esprit de frugalité, de modération et de travail, qui se concilie si parfaitement avec l'idée constante d'un gain modique qui ne devient considérable que parce qu'il est continuellement répété. Cependant les États qui vivent du commerce d'économie sont, au moins, aussi capables des grandes entreprises que les monarchies; parce que, d'une part, le commerce, petit d'abord, tend naturellement à s'accroître au point de devenir immense, et qu'en outre les grandes entreprises des négocians sont nécessairement mêlées avec les affaires publiques, on s'y livre avec plus de confiance dans les États républicains, parce que les affaires publiques y paraissent aussi sûres aux marchands qu'elles leur sont suspectes dans les monarchies. Quant à l'État despotique, le commerce y est presque nul, parce qu'en général, dans une nation libre, on travaille plus à acquérir qu'à conserver; et, au contraire, chez une nation qui vit dans la servitude, on travaille plus à conserver qu'à acquérir.

Du Commerce d'économie, des Peuples qui le font, et des Institutions y relatives.

Des Peuples qui ont fait le Commerce d'économie.

Le commerce d'économie force les peuples qui le font à être vertueux. Marseille qui, par sa situation, devait nécessairement être un port de mer, en est su exemple. La stérilité de son territoire détermina ses habitans à ce genre de commerce qui fut pour eux la source du travail, de la justice, de la modération, de l'économie; en un mot, de toutes les vertus sociales. On a vu partout la violence et la vexation donner naissance au commerce d'économie, lorsque la persécution a contraint les hommes à se réfugier dans les marais, dans les îles, les bas-fonds de la mer et ses écueils même. C'est ainsi que Tyr, Venise et les villes de Hollande furent fondées. Les fugitifs y trouvèrent leur sûreté: il fallait subsister; ils tirèrent leur subsistance de tout l'univers.

Quelques effets d'une grande Navigation.

Quelquefois chez une nation qui fait le commerce d'économie, les marchandises d'un pays servent de fonds pour se procurer celles d'un autre. Alors elle se contente de gagner très-peu et parfois rien sur les unes, dans l'espérance ou la certitude de gagner beaucoup sur les autres. Il peut encore arriver que les marchandises, venues de loin, ne se vendent pas plus cher que sur les lieux mêmes. Cela se rencontre sur-tout lorsque ces marchandises, telles, par exemple, que du marbre ou du bois, étant nécessaires pour lester le vaisseau, le capitaine croira avoir beaucoup fait s'il peut en retirer le prix qu'elles lui auront coûté.

Esprit de l'Angleterre sur le Commerce.

L'Angleterre n'a guère de tarif réglé avec les autres nations: son tarif change, pour ainsi dire, à chaque parlement, par les droits qu'elle ôte ou qu'elle impose. Elle a voulu encore conserver sur cela son indépendance. Souverainement jalouse du commerce qu'on fait chez elle, elle se lie peu par des traités et ne dépend que de ses lois. D'autres nations ont fait céder les intérêts de commerce aux intérêts politiques; celle-ci a toujours fait céder ses intérêts politiques aux intérêts de son commerce. C'est le peuple du monde qui a le mieux su se prévaloir à la fois de ces trois grandes choses, la religion, le commerce et la liberté.

Comment on a gêné quelquefois le Commerce d'économie.

On a fait, dans certaines monarchies, des lois propres à abaisser les États qui font le commerce d'économie. Mais il faut que l'État qui impose ces lois, puisse aisément faire lui-même le commerce; autrement, il se fera, pour le moins, un tort égal. On doit particulièrement s'attacher à établir des rapports avec les nations pacifiques par principe, qui cherchent plus à gagner qu'à conquérir, riches, et que les besoins du commerce rendent en quelque sorte dépendantes.

De l'exclusion en fait de Commerce.

On ne doit exclure aucune nation de son commerce sans de puissantes raisons. Encore moins un État doit-il s'assujettir à ne vendre ses marchandises qu'à une seule nation, sous prétexte qu'elle les prendra toutes à un certain prix. Agir ainsi, ce serait se priver soi-même des moyens de s'enrichir; car c'est la concurrence seule qui met un juste prix aux marchandises, et qui établit les vrais rapports entre elles.

Établissement propre au Commerce d'économie.

L'établissement des banques qui, d'un côté, par leur crédit, ont mis en circulation de nouveaux signes de valeurs, et d'une autre part, facilitent, au moyen de l'escompte, les relations commerciales, convient aux États qui font le commerce d'économie, c'est-à-dire, aux républiques en général. Cet établissement serait dangereux dans les États qui font le commerce de luxe, dans les monarchies. Il tendrait à créer une puissance, celle de l'argent, qui, opposée à celle du pouvoir, pourrait nuire à l'action du gouvernement. Par la même raison, les compagnies de négocians qui s'associent pour un certain commerce, conviennent rarement au gouvernement d'un seul; la nature de ces compagnies étant de donner aux richesses particulières la force des richesses publiques, qui ne doit se trouver que dans la main du prince.

De la Liberté et de la Sûreté du Commerce.

De la liberté du Commerce.

Ce qu'on doit entendre par liberté du Commerce.

La liberté du commerce n'est pas une faculté absolue accordée aux négocians de faire ce qu'ils veulent: cette faculté, qui n'aurait de limites que celles qu'il conviendrait à chacun de lui assigner, tournerait contre les négocians eux-mêmes; et, loin de favoriser le commerce, elle tendrait à le restreindre et même insensiblement à le détruire. Il ne faut pas confondre la liberté du commerce avec celle du commerçant: cette dernière est fort gênée dans les États libres, et très-étendue dans les États soumis à une domination absolue: quant à l'autre, elle consiste à ne gêner les négocians qu'en faveur et dans les intérêts du commerce, par conséquent, dans l'intérêt des commerçans eux-mêmes.

Ce qui détruit cette liberté.

Le commerce, supposant nécessairement l'établissement des douanes, c'est-à-dire, d'un droit quelconque en faveur de l'État sur l'exportation et l'importation des marchandises, pour conserver la liberté du commerce, l'État doit rester neutre entre sa douane et son commerce: autrement, s'il perçoit l'impôt en même temps qu'il fait le commerce, la liberté est détruite. C'est aussi pour prévenir ce résultat, que l'État doit bien se garder d'affermer les douanes; car, alors, les injustices, les exactions, l'excès des impôts, les difficultés et les vexations de tous genres ne pourraient manquer d'anéantir le commerce.

Des lois du Commerce qui emportent la confiscation des marchandises.

Les lois qui emportent la confiscation des marchandises sont toujours funestes à la liberté du commerce auquel elles mettent des entraves en lui enlevant cette sûreté qui en est la base fondamentale. La confiscation des marchandises prises sur l'ennemi ne doit avoir lieu que dans le cas des représailles, et un État doit éviter, autant qu'il est en son pouvoir, de rompre tout commerce, soit actif, soit passif avec ses ennemis; car, c'est le meilleur moyen de se nuire à soi-même, de se priver de ressources utiles par cela qu'on ne les a pas chez soi.

De la sûreté du Commerce.

De la Contrainte par corps.

La loi ne doit point donner la contrainte par corps dans les affaires civiles, parce qu'elle fait plus de cas de la liberté d'un citoyen que de l'aisance d'un autre; mais dans les conventions commerciales, la loi doit faire plus de cas de l'aisance publique que de la liberté d'un citoyen, et autoriser la contrainte par corps, que réclament la sûreté du commerce, sa nature même et la confiance forcée qu'il exige. On doit pourtant toujours apporter à cette mesure rigoureuse toutes les restrictions que peuvent demander l'humanité et la bonne police.

Belle Loi.

La loi de Genève, qui exclut des magistratures et même de l'entrée dans le grand-conseil les enfans de ceux qui ont vécu ou qui sont morts insolvables, à moins qu'ils n'acquittent les dettes de leur père, est très-bonne. Elle a cet effet qu'elle donne de la confiance pour les négocians; elle en donne pour les magistrats; elle en donne pour la cité même. La foi particulière y a encore la force de la foi publique.

Loi de Rhodes.

Les Rhodiens allèrent plus loin. Sextus Empiricus dit que, chez eux, un fils ne pouvait se dispenser de payer les dettes de son père, en renonçant à sa succession. La loi de Rhodes était donnée à une république fondée sur le commerce; et, sans doute, l'intérêt du commerce même y aura mis cette limitation que les dettes contractées par le père depuis que le fils avait commencé à faire le commerce, n'affectaient pas les biens de ce dernier: autrement celui-ci n'aurait jamais pu connaître sa position, et se conduire suivant ses obligations et l'état de sa fortune.

Des Juges pour le Commerce.

La nature du commerce demande une juridiction spéciale: les affaires doivent être jugées promptement et sans l'emploi de grandes formalités, parce que ce sont des actions d'une même espèce, qui, se renouvelant chaque jour, doivent être nécessairement décidées chaque jour; à la différence des actions de la vie qui exercent une grande influence sur l'avenir, et se présentent rarement. Platon dit que dans une ville où il n'y a pas de commerce maritime, il faut moitié moins de lois civiles, et cela est très-vrai. Le commerce introduit dans le même pays différentes sortes de peuples, un grand nombre de conventions, d'espèces de biens et de manières d'acquérir. Ainsi, dans une ville de commerce, il y a moins de juges et plus de lois.

Quelles personnes doivent s'abstenir de faire le commerce.

Le Prince ne doit pas faire le Commerce.

Pour plusieurs raisons, le Prince ne doit pas faire le commerce. Il enlève à ses sujets des moyens de subsistance. On n'a pas contre lui de voies de répression, s'il se livre au monopole; de contrainte, s'il manque à ses engagemens. Il donne l'exemple à ses courtisans qui, plus avides, seront plus injustes, et parviendront, par leur crédit, à rejeter sur le peuple tout le fardeau des impôts, ou à obtenir des priviléges, qui détruisant la confiance et concentrant tout le profit dans les mains de quelques particuliers, empêcheront le reste des sujets de se livrer à des spéculations dont le bénéfice ne serait pas proportionné à leurs travaux, aux chances qu'ils auraient à courir.

Du Commerce de la Noblesse dans la Monarchie.

L'égalité et, par suite, l'aisance, qui doivent exister entre tous ceux qui se livrent au commerce, font qu'il est contre l'esprit du commerce que la noblesse le fasse dans la monarchie. Il est également contre l'esprit de ce gouvernement que la noblesse y fasse le commerce; et l'usage qui, en Angleterre, a permis le commerce à la noblesse, est une des choses qui ont le plus contribué à y affaiblir le gouvernement monarchique.

Réflexion particulière.

En France, engager par des lois les nobles à faire le commerce, ce serait détruire la noblesse sans utilité pour le commerce. L'usage qui existe, à cet égard, dans ce pays, est beaucoup plus sage: les négocians ne sont pas nobles, mais ils peuvent le devenir; et le moyen le plus sûr pour eux d'y parvenir, est de réussir honorablement dans leur profession. Les lois qui perpétuent les états dans les familles, et les font passer des pères aux enfans, ne peuvent convenir que dans les gouvernemens despotiques, où personne ne peut et ne doit avoir d'émulation. Mais dans tout autre gouvernement, cette même émulation et l'espoir de parvenir à une profession plus distinguée, porteront les citoyens à exceller dans celle qu'ils exercent actuellement. C'est ainsi qu'en France, les différens degrés de considération dont jouissent les gens de robe qui tiennent le milieu entre le peuple et la grande noblesse, et la noblesse elle-même, par conséquent, le désir naturel à chacun de quitter sa profession pour arriver à une supérieure, les priviléges attachés à la noblesse, profession plus distinguée que la robe quelqu'honorable que soit cette dernière et quelle que part qu'elle ait à ces mêmes priviléges; enfin, la nature, les fonctions, le caractère de ces deux professions, et les idées qui s'y rattachent, ont contribué nécessairement à la grandeur du royaume; et si, depuis deux ou trois siècles, il a augmenté sans cesse sa puissance, il faut attribuer ce résultat à la bonté de ses lois et non à la fortune qui n'a pas ces sortes de constance.

A quelles Nations il est désavantageux de faire le commerce.

Les richesses consistent en fonds de terre, ou en effets mobiliers. Les fonds de terre sont ordinairement possédés par les habitans de chaque pays, dont la présence est nécessaire pour les faire valoir, et il existe, dans la plupart des États, des lois qui dégoûtent les étrangers de l'acquisition des terres de ces États. Ce genre de richesses appartient donc à chaque État en particulier, et ne peut être que l'objet du commerce intérieur. Quant aux effets mobiliers, comme l'argent, les billets, les lettres-de-change, les actions sur les compagnies, les vaisseaux, toutes les marchandises, ils appartiennent au monde entier; le peuple qui possède le plus de ces objets est le plus riche de l'univers. Ces effets sont la matière du commerce extérieur. L'avarice de chaque nation se dispute les meubles de l'univers. Il peut se trouver un État si malheureux, si dénué de ressources, qu'il lui sera impossible de se procurer par le commerce les effets des autres pays. Il n'y parviendrait qu'à force de sacrifices, et ces sacrifices mêmes le réduiraient à la pauvreté. Il recevrait moins qu'il n'enverrait, et il finirait par ne plus rien recevoir du tout. En outre, l'argent qui, dans les pays de commerce, revient sans cesse, rapporté par les nations qui l'ont emporté par les bénéfices du moment, ne reviendrait jamais dans les autres États, parce que la nécessité du commerce ne mettrait pas ceux qui l'ont pris dans l'obligation de le rapporter. La Pologne en est un exemple: elle manque de tout, excepté du bled, et par le commerce qu'elle fait de cette denrée, elle prive les paysans de leur nourriture pour satisfaire au luxe des seigneurs. Au contraire, dans les pays riches, comme le Japon, où la quantité excessive de ce qu'il peut recevoir, produit la quantité excessive de ce qu'il peut envoyer, les peuples étant en état de supporter une grande exportation et une grande importation, retirent des avantages immenses du commerce qui rend utiles les choses superflues, et nécessaires celles utiles. En sorte, que l'État peut donner les choses nécessaires à un plus grand nombre de sujets. De tout ceci, l'on doit conclure que le commerce est avantageux aux nations qui n'ont besoin de rien, parce qu'ayant beaucoup, elles ne peuvent que gagner à trafiquer: qu'au contraire, il est désavantageux aux États qui, n'ayant rien, ont besoin de tout, parce que, dans ces États, il n'existe pas de proportion entre la quantité de marchandises qu'ils envoient et celles qu'ils reçoivent en échange.

Des Lois, dans le Rapport qu'elles ont avec l'usage de la Monnaie.

Raison de l'usage de la Monnaie.

Les peuples qui ont peu de marchandises pour le commerce, comme les sauvages, et les peuples policés qui n'en ont que de deux ou trois espèces, négocient par échange. Mais lorsqu'un peuple trafique sur un très-grand nombre de marchandises, il faut nécessairement une monnaie, parce qu'un métal facile à transporter épargne bien des frais que l'on serait obligé de faire si l'on procédait toujours par échange. Toutes les nations ayant des besoins réciproques, il arrive souvent que l'une veut avoir une très-grande quantité des marchandises de l'autre, et celle-ci, très-peu des siennes ; tandis qu'à l'égard d'une autre nation, elle est dans un cas contraire. Mais, lorsque les nations ont une monnaie, et qu'elles procèdent par vente et par achat, celles qui prennent plus de marchandises se soldent ou paient l'excédent avec de l'argent : et, il y a cette différence que, dans le cas de l'achat, le commerce se fait à proportion des besoins de la nation qui demande le plus : et que, dans l'échange, le commerce se fait seulement dans l'étendue des besoins de la nation qui demande le moins ; sans quoi, cette dernière serait dans l'impossibilité de solder son compte.

De la Nature de la Monnaie.

La monnaie est un signe qui représente la valeur de toutes les marchandises. Elle est elle-même une marchandise ; et, par sa nature, elle est la mesure de toutes les autres. L'argent a été choisi comme le métal le plus susceptible de division, le plus durable, le moins altérable, et le plus facile à transporter. Pour en constater la qualité et la quantité d'une manière certaine, l'autorité publique de chaque État y imprime une marque, c'est le titre et le poids. Comme l'argent est le signe des valeurs des marchandises, le papier est un signe de la valeur de l'argent ; et lorsqu'il est bon, il représente tellement l'argent, que, quant à l'effet, il n'y a point de différence. De même que l'argent est un signe d'une chose et la représente, chaque chose est un signe de l'argent et le représente aussi ; et l'État est dans sa prospérité selon que, d'un côté l'argent représente bien toutes choses, et que, d'une autre part, toutes choses représentent bien l'argent, et qu'ils sont signes les uns des autres [...]

De la Quantité de l'Or et de l'Argent.

[...]

Des Monnaies idéales.

[...]

Par quelle raison le prix de l'Usure diminua, lors de la découverte des Indes.

[...]

Comment le prix des choses se fixe dans la variation des richesses de signe.

[...]

De la rareté relative de l'Or et de l'Argent.

[...]

Du Change.

[...]

Des Opérations que les Romains firent sur les Monnaies.

[...]

Circonstances dans lesquelles les Romains firent leurs opérations sur la Monnaie.

[...]

Opérations sur les Monnaies du temps des Empereurs.

[...]

Comment le Change gêne les États despotiques.

[...]

Usage de quelques pays d'Italie.

[...]

Du secours que l'État peut tirer des Banquiers.

[...]

Des Dettes publiques.

[...]

Du Paiement des Dettes publiques.

[...]

Des Prêts à intérêt.

[...]

Des Usures maritimes.

[...]

Du Prêt par Contrat, et de l'Usure chez les Romains.

[...]

Livre 23.me

Des Lois, dans le Rapport qu'elles ont avec le nombre des Habitans.

Des Hommes et des Animaux, par rapport à la multiplication de leur espèce.

Les femelles des animaux ont, à peu près, une fécondité constante. Mais, dans l'espèce humaine, la manière de penser, le caractère, les passions, les fantaisies, les caprices, l'idée de conserver sa beauté, l'embarras de la grossesse, celui d'une famille trop nombreuse, troublent la propagation de mille manières.

Des Mariages.

L'obligation naturelle qu'a le père de nourrir ses enfans a fait établir le mariage, qui déclare celui qui doit remplir cette obligation. Chez les animaux, elle est telle, que la mère peut ordinairement y suffire. Elle a beaucoup plus d'étendue chez les hommes : leurs enfans ont de la raison, mais elle ne leur vient que par degrés : il ne suffit pas de les nourrir, il faut encore les conduire ; déjà ils pourraient vivre, et ils ne peuvent pas se gouverner. Les conjonctions illicites contribuent peu à la propagation. L'incertitude du père véritable détruit l'obligation qu'il a d'élever ses enfans ; et la mère, à qui cette obligation reste, trouve mille obstacles par la honte, les remords, la gêne de son sexe, la rigueur des lois : la plupart du temps, elle manque de moyens. Chez les femmes prostituées publiquement, les soins inséparables de l'éducation de leurs enfans sont incompatibles avec leur condition ; et, d'ailleurs, elles sont si corrompues qu'elles ne sauraient avoir la confiance de la loi ; d'où il suit que la continence publique favorise la propagation de l'espèce.

De la Condition des Enfans.

C'est la raison qui dicte que, quand il y a un mariage, les enfans suivent la condition du père ; et que, quand il n'y a point de mariage, ils ne peuvent concerner que la mère.

Des Familles.

Il est reçu presque partout que la femme passe dans la famille du mari. Cette loi, qui fixe la famille dans une suite de personnes du même sexe, contribue beaucoup à la propagation. La famille est une sorte de propriété. Un homme qui a des enfans du sexe qui ne la perpétue pas, n'est jamais content qu'il n'en ait de celui qui la perpétue. Les noms, qui donnent aux hommes l'idée d'une chose qui semble se devoir ne pas périr, sont très-propres à inspirer à chaque famille le désir d'étendre sa durée. Il y a des peuples chez lesquels les noms distinguent les familles ; il y en a où ils ne distinguent que les personnes ; ce qui n'est pas si bien.

De divers Ordres de Femmes légitimes.

Il y a des pays où les lois et la religion ont établi plusieurs conjonctions civiles. Chez les Turcs, la loi reconnaît trois sortes de femmes légitimes : 1.°, celles légitimes proprement dites, c'est-à-dire celles mariées d'après les lois. 2.° Celle que l'on prend à pension, c'est-à-dire de l'entretien, de l'existence et du sort de laquelle un homme se charge, en déclarant aux père et mère, qui y consentent devant le juge, qu'il tiendra leur fille pour lui servir de femme ; et contrat est une espèce de louage ; 3.° et les esclaves que l'on achète. Il serait contre la raison que la loi déclarât dans les enfans ce qu'elle a approuvé dans le père : ils doivent donc lui succéder, et ils lui succèdent en effet. Cela ne pourrait souffrir d'exception, qu'autant que la politique s'y opposerait, comme au Japon, où il n'y a que les enfans de la femme donnée par l'Empereur qui succèdent. À la Chine, chaque homme n'a qu'une femme légitime à laquelle appartiennent tous les enfans des concubines du son mari, et qui renvoie le respect filial et tous les égards dûs, dans l'ordre des choses, à la mère naturelle. À l'aide de cette fiction, il n'y a plus d'enfans bâtards ; et là où il n'a pas lieu, la loi qui légitime les enfans des concubines est une loi forcée ; car ce serait le gros de la nation qui serait flétri par la loi. Il n'y est pas non plus question d'enfans adultérins ; l'adultère est si difficile que le juge impossible : d'ailleurs la même glaive exterminerait la mère et l'enfant.

Des Bâtards dans les divers gouvernemens.

On ne conçoit donc guère les bâtards dans les pays où la polygamie est permise. On les conçoit dans ceux où la loi d'une seule femme est établie ; il a fallu, dans ces pays, flétrir le concubinage ; il a donc fallu flétrir les enfans qui en étaient nés. Dans les républiques, où il est nécessaire que les mœurs soient pures, les bâtards doivent être encore plus odieux que dans les monarchies. Dans les républiques anciennes, souvent on faisait des lois sur l'état des bâtards plutôt que rapport à la constitution, qu'à l'honnêteté du mariage. Telle république qui recevait pour citoyens les bâtards afin d'augmenter sa puissance contre les grands ; telle autre, comme Athènes, retrancha les bâtards du nombre des citoyens pour avoir une plus grande portion de blé. Dans plusieurs villes, dans la disette de citoyens, les bâtards succédaient ; dans l'abondance, ils ne succédaient pas.

Du Consentement des pères au mariage.

Le consentement des pères au mariage est fondé sur leur puissance, leur amour, leur raison et leur prudence qui doit suppléer à la faiblesse, aux passions et à l'inexpérience de leurs enfans. Dans les républiques, l'amour du bien public était tel, qu'il égalait ou surpassait tout autre amour ; et il y avait des lois qui donnaient aux magistrats une inspection sur les mariages. C'est ainsi qu'à Lacédémone les mariages étaient réglés par les magistrats seuls, en général, c'est aux pères à marier leurs enfans. Cependant, il convient de mettre des restrictions à leur consentement ; car la loi doit favoriser les mariages autant que possible.

Influence du Gouvernement et des divers genres d'industrie d'un pays sur le nombre de ses habitans.

De la dureté du Gouvernement.

Les gens qui n'ont absolument rien, comme les mendians, font beaucoup d'enfans, parce qu'il ne leur coûte rien au père pour donner avant à ses enfans, qui même sont, en naissant, des instrumens de cet art. Ces gens, dans un pays riche et superstitieux, se multiplient, parce qu'ils n'ont pas les charges de la société, mais en sont eux-mêmes les charges. Ceux-là, au contraire, sont peu d'enfans, qui ne sont pauvres que pour ce qu'ils vivent dans un gouvernement dur, qui regardent leur champ moins comme le moyen de vivre que comme un prétexte à la vexation. La dureté du gouvernement, et même la nature du gouvernement. C'est ainsi que, dans les républiques de la Grèce où les législateurs n'eurent pour objet que le bonheur des citoyens en-dedans et une puissance en-dehors qui ne fût pas inférieure à celle de leurs voisins, il était facile qu'avec un petit territoire et une grande félicité, la population devînt à charge et si considérable que les politiques crurent devoir s'attacher à régler le nombre des citoyens, et ne négligèrent aucun moyen pour arrêter la trop grande multiplication. De là, l'établissement qu'ils firent sans cesse de colonies, la nécessité de se vendre pour la guerre, comme le font aujourd'hui les Suisses ; de là, l'obligation imposée à certains peuples soumis de fournir à la subsistance des citoyens, et la nécessité de restreindre le nombre des hommes libres pour que les esclaves fussent en état de les nourrir ; le règlement des mariages et les avortemens des femmes lorsqu'elles avaient des enfans au-delà du nombre défini par la loi. Delà, enfin, la loi qui, dans la disette d'hommes, faisait citoyens les étrangers ou les bâtards, mais qui ne les faisait plus, dès qu'il y avait assez de peuple.

Du Nombre des garçons et des filles dans différens pays.

Il est des pays, comme en Europe, où il naît un peu plus de garçons que de filles ; d'autres, comme au Japon, où il naît plus de filles que de garçons. Toutes choses égales, il y aura plus de femmes fécondes au Japon qu'en Europe, et, par conséquent, plus de peuple. D'où l'on ne voit que cette conséquence, que l'étendue de la population dépend, en général, du nombre relatif des filles et des garçons.

Des Ports de mer.

Dans les ports de mer, où les hommes s'exposent à mille dangers, et vont mourir en terre dans des climats terribles, il y a moins d'hommes que de femmes ; cependant on voit plus d'enfans qu'ailleurs : cela vient de la facilité de la subsistance ; peut-être même que les parties huileuses du poisson sont plus propres à fournir cette matière qui sert à la génération. Ce serait une des causes de ce que l'on vit le peuple qui est en Asie à la Chine, où l'on se multiplie que de poisson. Si cela était, de certaines règles monastiques qui ne pesdoivent de vivre de poisson, seraient contraires à l'esprit du législateur même.

Des productions de la terre qui demandent plus ou moins d'hommes.

Les pays de pâturages sont peu peuplés, parce que peu de gens y trouvent de l'occupation : les terres à blé occupent plus d'hommes, et les vignobles beaucoup plus encore. C'était une chose souvent à déplorer dans Rome, que la grande facilité qu'il y avait point de sociétés ; et que ceux qui cultivaient les terres pouvaient faire cultiver et faire venir les terres pauvres culitivées ; des-lors la population tient à sa plus grande. La culture du riz exige que de grandes précautions, employant beaucoup de bras, et conservant par ce moyen toute la subsistance d'un plus grand nombre ; les pays où il croît sont d'autant plus peuplés que la terre y est uniquement à la nourriture des hommes et des animaux, parce que le travail que font ailleurs les animaux est fait dans ces lieux par des hommes eux-mêmes.

Du nombre des habitans par rapport aux arts.

Lorsque les terres sont également partagées, le pays peut être très-peuplé, quoiqu'il y ait peu d'arts, parce que chacun en tire de quoi se nourrir dans la culture de sa terre, et que tous les citoyens ensemble consomment tous les fruits du pays. Mais dans un état où tous les fonds de la terre étant inégalement partagés, ils produisent plus de fruits que ceux qui les cultivent n'en peuvent consommer. L'établissement des arts est indispensable pour que les parties de la terre soient consommées, et que les besoins naturels qu'ils croient, en donnant à ceux qui cultivent l'envie d'acquérir, portent à cultiver au-delà du nécessaire. Si l'on y néglige les arts pour s'attacher qu'à l'agriculture, le pays ne peut être peuplé. Quant aux machines dont l'objet est d'abréger l'art, elles ne sont utiles en général, que lorsqu'elles s'appliquent aux choses de premier besoin. Elles peuvent être très-pernicieuses, lorsqu'employées aux objets de pure nécessité et d'une valeur qui n'altère elles qui diminuent le nombre des ouvriers, et leur rendent le prix des marchandises.

De la loi faite en France pour encourager la propagation.

Louis XIV ordonna de certaines pensions pour ceux qui auraient dix enfans, et de plus fortes pour ceux qui en auraient douze, mais il n'était pas question de récompenser des prodiges. Pour donner un certain esprit général qui portât à la propagation de l'espèce, il fallait établir, comme les Romains, des récompenses ou des peines générales.

Des Vues du Législateur sur la Propagation de l'Espèce.

Les règlemens sur le nombre des citoyens dépendent beaucoup des circonstances. Il y a des pays où la nature a tout fait ; le législateur n'y a donc rien à faire. À quoi bon engager par des lois à la propagation, lorsque la fécondité du climat donne assez de peuple ? Quelquefois le climat est plus favorable que le terrain ; le peuple s'y multiplie et les famines le détruisent. Dans ce cas, le législateur doit chercher, en entravant la propagation, à établir une certaine proportion entre la population et les moyens de subsistance.

De la Grèce et du nombre de ses habitans.

Si, dans certains pays, la propagation tient à des causes physiques, il en est d'autres où elle tient à la nature du gouvernement. C'est ainsi que, dans les républiques de la Grèce où les législateurs n'eurent pour objet que le bonheur des citoyens en-dedans et une puissance en-dehors qui ne fût pas inférieure à celle de leurs voisins, il était facile qu'avec un petit territoire et une grande félicité, la population devînt à charge et si considérable que les politiques crurent devoir s'attacher à régler le nombre des citoyens, et ne négligèrent aucun moyen pour arrêter la trop grande multiplication. De là, l'établissement qu'ils firent sans cesse de colonies, la nécessité de se vendre pour la guerre, comme le font aujourd'hui les Suisses ; de là, l'obligation imposée à certains peuples soumis de fournir à la subsistance des citoyens, et la nécessité de restreindre le nombre des hommes libres pour que les esclaves fussent en état de les nourrir ; le règlement des mariages et les avortemens des femmes lorsqu'elles avaient des enfans au-delà du nombre défini par la loi. Delà, enfin, la loi qui, dans la disette d'hommes, faisait citoyens les étrangers ou les bâtards, mais qui ne les faisait plus, dès qu'il y avait assez de peuple.

De l'État des Peuples avant les Romains.

L'Italie, la Sicile, l'Asie-Mineure, l'Espagne, la Gaule, la Germanie, étaient, à peu près, comme la Grèce, pleines de petits peuples et regorgeaient d'habitans ; on n'y avait pas besoin de lois pour en augmenter le nombre.

Dépopulation de l'Univers.

Toutes ces petites républiques furent englouties dans une grande, et l'on vit insensiblement l'univers se dépeupler. Les Romains détruisirent les villes conquises et en emmenèrent les habitans pour augmenter leurs forces et agrandir leur puissance. Mais alors disparurent le bonheur et tous les avantages dont les peuples jouissaient auparavant ; et la dépopulation de l'univers fut la conséquence nécessaire de l'état d'asservissement et de malheurs qui remplaça cette prospérité première, source de l'immense population qui avait toujours existé. Au reste, il n'y a qu'à voir ce qu'étaient l'Italie et la Grèce avant, et ce qu'elles furent après les victoires des Romains. On ne trouvera que déserts et destruction là où il y avait jadis un peuple infini, des contrées heureuses et florissantes.

Que les Romains furent dans la nécessité de faire des lois pour la Propagation de l'espèce.

Les Romains, en détruisant tous les peuples, se détruisaient eux-mêmes. Sans parler de l'attention qu'ils eurent à se donner des citoyens quand ils en perdaient, des associations qu'ils firent, des droits de cité qu'ils conférèrent, et de cette pépinière immense de citoyens qu'ils trouvèrent dans leurs esclaves, on va examiner ce qu'ils firent pour réparer non pas la perte des citoyens, mais celle des hommes.

Des Lois des Romains sur la Propagation de l'espèce.

Les anciennes lois de Rome cherchèrent à déterminer les citoyens au mariage : en outre, les censeurs y veillèrent ; et, selon les besoins, ils y engagèrent et par la honte et par les peines. La corruption des mœurs dégoûta du mariage, car il n'a que des peines pour ceux qui n'ont plus ce sens pour les plaisirs de l'innocence. Cette corruption détruisit la censure elle-même qui finit par perdre toute sa force. Le nombre des citoyens fut plus diminué par les discordes civiles, le triumvirat et les proscriptions que par les guerres que Rome eût encore faites. Il restait peu de citoyens et la plupart n'étaient point mariés. Pour remédier à ce dernier mal, César et Auguste rétablirent la censure et se firent censeurs eux-mêmes ; ils firent aussi des règlemens favorables au mariage. César donna des récompenses à ceux qui avaient beaucoup d'enfans : attaquant les femmes par la vanité, il défendit à celles qui avaient moins de quarante-cinq ans, et qui n'avaient ni mari, ni enfans, de porter des pierreries et de se servir de litière. Auguste augmenta les récompenses et imposa des peines nouvelles. Il fit sentir aux Romains que la cité ne consistait point dans les maisons, les partisans, les places publiques, mais dans le nombre des hommes qui sont les premiers biens et les biens les plus précieux de l'État ; il leur reprochait le célibat où ils vivaient par pur libertinage. « Chacun de vous, s'écriait-il, a des compagnes de sa table et de son lit, et vous ne cherchez que la paix dans vos dérégicimens. » Pour y remédier, il donna la loi qu'on nomma Julie, Pappia Poppea, du nom des consuls. Cette loi fut proprement un code de lois, ou un corps systématique de tous les règlemens qu'on pouvait faire à cet égard. Elle fut la plus belle partie des lois civiles des Romains. On y accorda au mariage et au nombre d'enfans les prérogatives, c'est-à-dire, tous les honneurs et toutes les préséances que les Romains accordaient, par respect, à la vieillesse. On donna quelques prérogatives au mariage seul, indépendamment des enfans qui en pourraient naître ; ce qu'on appela le Droit des maris. On donna d'autres prérogatives à ceux qui avaient des enfans ; ce qu'on appela Droit des enfans : on en donna de plus grandes à ceux qui avaient trois enfans ; ce qu'on appela Droit de trois enfans. Il faut bien se garder de confondre ces trois choses. Il y avait des privilèges dont les gens mariés jouissaient toujours, comme, par exemple, une place particulière au théâtre ; il y en avait dont ils ne jouissaient que, lorsque des gens qui avaient des enfans, ou qui en avaient plus qu'eux, ne le leur ôtaient pas. Les gens mariés qui avaient le plus grand nombre d'enfans étaient préférés, soit dans la puissance des honneurs, soit dans leur exercice. Le consul qui avait le plus d'enfans prenait le premier les faisceaux ; il avait le choix des provinces. Le sénateur qui avait le plus d'enfans était écrit le premier dans le catalogue des sénateurs ; il disait son avis le premier. L'on pouvait parvenir avant l'âge aux magistratures, chaque enfant comptant la dispense d'un an. Le nombre de trois enfans exemptait de toutes charges personnelles. Les femmes ingénues qui avaient trois enfans et les affranchies qui en avaient quatre, sortaient de la tutelle perpétuelle établie par les lois. Outre les récompenses, il y avait des peines. Les voici : ceux qui n'étaient point mariés, ne pouvaient rien recevoir par le testament des étrangers. Ceux qui étaient mariés mais n'avaient pas d'enfans, ne recevaient que la moitié. Le mari et la femme, par une exception de la loi qui limitait leurs dispositions réciproques par testament, pouvaient se donner le tout, s'ils avaient des enfans l'un de l'autre ; s'ils n'en avaient point, ils pouvaient recevoir la dixième partie de la succession à cause du mariage ; et s'ils avaient des enfans d'un autre mariage, ils pouvaient se donner autant de dixièmes qu'ils avaient d'enfans. Si un mari s'absentait d'auprès de sa femme pour autre chose que pour les affaires de la république, il ne pouvait être son héritier. La loi donnait à un mari ou à une femme qui survivait, deux ans pour se remarier, et un an et demi dans le cas de divorce. Les pères qui ne voulaient pas marier leurs enfans ou donner une dot, y étaient contraints par le magistrat. On défendit les fiançailles lorsque le mariage devait être différé de plus de deux ans : et comme on ne pouvait épouser une fille qu'à douze ans, on ne pouvait la fiancer qu'à dix ; car la loi ne voulait pas qu'on pût jouir inutilement et sous le prétexte de fiançailles, des privilèges des gens mariés. Il était défendu à un homme qui avait soixante ans d'épouser une femme qui en avait cinquante ; car on ne voulait point de mariages inutiles après tant de privilèges accordés au mariage. La même raison fit déclarer inégal le mariage d'une femme qui avait plus de cinquante ans avec un homme qui en avait moins de soixante. Pour que l'on ne fût pas borné dans le choix, Auguste permit à tous les ingénus qui n'étaient pas sénateurs d'épouser des affranchies. La loi Pappienne interdisait aux sénateurs le mariage avec les affranchies ou aux ingénus d'épouser des femmes de mauvaise vie, des femmes de théâtre, des femmes condamnées par un jugement public. Du temps d'Appien, la loi défendait aux ingénus d'épouser des femmes condamnées par un jugement public. Du temps de la république, ces lois étaient inconnues, car la censure corrigeait ces désordres ou les empêchait de naître. Les peines contre ceux qui se mariaient contre la défense des lois étaient les mêmes que celles contre ceux qui ne se mariaient point du tout. Les lois par lesquelles Auguste adjugea au trésor public les successions et les legs de ceux qu'elles déclaraient incapables, paraissent plutôt fiscales que politiques et civiles. Ainsi le dégoût pour le mariage s'augmenta : cela fit qu'on fût obligé tantôt de diminuer les récompenses des délateurs, tantôt d'arrêter leurs brigandages, tantôt de modifier ces lois odieuses. D'ailleurs, les Empereurs, dans la suite, énervèrent ces lois par les privilèges des droits des maris, d'enfans, de trois enfans, par la dispense des peines. Auguste fit exempter des lois qui limitaient la faculté d'affranchir et de celle qui bornait la faculté de léguer. Les sectes de philosophie introduisirent un esprit d'éloignement pour les soins d'une famille, et, par conséquent, la corruption de l'espèce humaine. Ces fatales semences produisirent l'éloignement pour les soins d'une famille, et, par conséquent, la corruption de l'espèce humaine. Les lois de Constantin ôtèrent les peines des lois pappiennes, et en exemptèrent tant ceux qui n'étaient pas mariés, que ceux qui, étant mariés, n'avaient point d'enfans. Théodose le jeune abrogea ces lois décimaires, qui donnaient une plus grande extension aux dons que le mari et la femme pouvaient se faire à proportion du nombre d'enfans. Justinien déclara valables tous les mariages que les lois pappiennes avaient défendus ; par les lois anciennes, la faculté naturelle que chacun a de se marier et d'avoir des enfans ne pouvait être ôtée. Ainsi la loi pappienne annullait la condition de ne se point marier, apposée à un legs, et le serment de ne se point marier et de n'avoir point d'enfans que le patron faisait faire à son affranchi ; mais on vit énerver des constitutions des empereurs des chartes qui interdisaient ce droit ancien. Il n'y a point une loi expresse qui abroge les privilèges et les honneurs que les lois anciennes accordaient aux mariages et au nombre d'enfans ; mais depuis qu'on accorda, comme firent les lois de Justinien, des avantages à ceux qui ne se remariaient pas, il ne pouvait plus y avoir des privilèges et des honneurs pour le mariage. Enfin le dernier coup fut donné à la dépopulation par le célibat, non celui qui a pour motif la religion, mais celui immodéré par le libertinage, qui fait qu'une infinité de gens riches et voluptueux inclinent le mariage pour la commodité de leurs dérèglemens.

De l'exposition des Enfans.

Il n'y avait aucune loi romaine qui permît l'exposition des enfans ; et la loi des douze tables ne changea rien aux institutions des premiers Romains qui eurent, à cet égard, une police assez bonne en permettant, d'un côté, qu'on n'exposât les enfans difformes et monstrueux qu'après les avoir montrés à cinq des plus proches voisins, et en défendant, d'un autre côté, de tuer un enfant qui eût moins de trois ans. Mais on ne suivit plus cette police, et bien qu'aucune loi ne permît l'exposition, cet abus abominable s'introduisit dans les derniers temps, lorsque le luxe d'aisance, lorsque les richesses partagées furent appelées pauvreté, lorsque le père crut avoir perdu ce qu'il donna à sa famille, et qu'il distingua cette famille de la propriété.

Comment on peut remédier à la dépopulation.

Lorsqu'un état se trouve dépeuplé par des accidens particuliers, des guerres, des famines, il y a des ressources. Si l'esprit de travail et l'industrie ont été conservés, les hommes réparent leurs malheurs par les ressources qu'ils tirent de ces deux qualités. Mais le mal est presqu'incurable, lorsque la dépopulation vient de longue main par un vice intérieur et un mauvais gouvernement. Les hommes se sont vus détruire insensiblement sans souvent en sentir les causes. Pour réparer cet état, en vain on attendrait le secours des enfans à naître : sans courage, sans industrie, les habitans ne sauront se procurer les moyens d'existence. Les terres resteront en friche : le clergé, le prince, les villes, les grands, sont devenus insensiblement propriétaires de toute la contrée : tout leur appartient et l'homme de travail n'a rien. Dans cette situation, le seul moyen de remédier à la dépopulation, c'est qu'observèrent les Romains dans la disette des habitans, et ce qu'observèrent les Romains dans l'abondance, une distribution des terres aux familles qui n'ont rien, et en leur procurant les moyens de les cultiver.

De l'État de l'Univers après la destruction des Romains.

Les règlemens que firent les Romains pour augmenter le nombre des citoyens, eurent, comme les autres lois qui élevèrent Rome, leur effet pendant que la république, dans la force de son institution, n'eut à réparer que les pertes qu'elle faisait par son courage, par sa fermeté, par son amour pour la gloire et par sa vertu même. En réparant ces pertes, les Romains croyaient défendre leurs lois, leur patrie, leurs temples, leurs dieux pénates, leur liberté, leurs biens. Mais sitôt que les lois les plus sages ne purent remédier aux pertes causées par une corruption générale capable de rendre ce grand empire une solitude, pour qu'il ne restât, en quelque sorte, personne qui pût en déplorer la chute et l'extinction du nom romain, dès-lors un déluge de nations gothes, gétiques, sarrasines et tartares, coupa, pour ainsi dire, le nerf de ce corps immense et de cette machine monstrueuse, et bientôt des peuples barbares n'eurent à détruire que des peuples barbares.

Changemens arrivés en Europe, par rapport au nombre des habitans.

Dans l'état où était l'Europe après cette affreuse catastrophe et après un coup aussi surprenant, on n'aurait pas cru qu'elle pût se rétablir, sur-tout, lorsque, sous Charlemagne, elle ne forma plus qu'un vaste empire. Mais il arriva un changement par rapport au nombre des hommes. L'Europe, après Charlemagne, par la nature du gouvernement d'alors, se partagea en une infinité de petites souverainetés. Chaque seigneur, n'étant en sûreté que par le nombre des habitans de son village ou de sa ville, où il résidait, s'attacha à faire fleurir son pays ; ce qui réussit tellement, que, malgré les irrégularités du gouvernement, le défaut de connaissances en matière de commerce, le grand nombre de guerres et de querelles, il y eut, dans la plupart des contrées de l'Europe, plus de peuple qu'il n'y en a aujourd'hui, témoin les prodigieuses armées des croisés.

Continuation du même sujet.

La navigation qui, depuis deux siècles, est augmentée en Europe, a procuré des habitans et en a fait perdre. Il ne faut pas juger de l'Europe comme d'un état particulier qui ferait seul une grande navigation : cet état augmenterait de peuple, parce que toutes les nations voisines venant prendre part à sa navigation, il y arriverait des matelots de tous côtés. Mais l'Europe, séparée du reste du monde par des déserts, par la religion, étant presque partout entourée de pays mahométans, ne se répare pas ainsi.

Conséquences.

De tout ceci, l'on doit conclure que l'Europe a besoin de lois qui favorisent la propagation, laquelle, étant la partie la plus malade de la plupart des gouvernemens de nos jours, mérite le plus de secours.

Des Hôpitaux.

Dans quelques circonstances, la population peut être favorisée, dans quelques autres, elle peut être affaiblie par l'établissement des hôpitaux. L'indigence ne doit pas être regardée comme un mal, puisqu'elle a des ressources honnêtes pour ceux qui ne craignent pas le travail ; et les hôpitaux sont particulièrement nécessaires dans les pays de commerce où, comme beaucoup de gens n'ont pour subsister que leur art, l'État doit secourir les malades, les vieillards, les orphelins. Les richesses supposent une industrie : mais, comme dans un si grand nombre de branches de commerce, il est impossible qu'il n'y en ait pas quelqu'une qui souffre, l'État doit apporter un prompt secours aux ouvriers qui sont dans la nécessité, laquelle étant momentanée, ne demande que des secours de même nature, c'est-à-dire passagers. Mais quand la nation est pauvre, la pauvreté particulière dérive de la misère générale. Tous les hôpitaux du monde ne peuvent guérir cette pauvreté particulière : au contraire, l'esprit de paresse qu'ils inspirent augmente la pauvreté générale, et par conséquent celle particulière.

Des Lois, dans le Rapport qu'elles ont avec la Religion établie dans chaque pays, considérée dans ses pratiques et en elle-même.

Des Religions en général.

Comme ce n'est pas en théologien, mais en politique que, dans l'Esprit des lois, on considère la religion, on cherchera, entre les religions fausses, celles qui sont les plus conformes au bien de la société, qui peuvent le plus contribuer au bonheur de cette vie ; on n'examinera les diverses religions du monde que par rapport au bien que l'on en peut retirer dans l'État civil, et loin de vouloir faire céder les intérêts de la vraie religion aux intérêts politiques, on s'attachera à les unir, comme se prêtant un mutuel appui.

Nécessité d'une Religion. Paradoxe de Bayle.

Bayle a prétendu prouver qu'il valait mieux être athée qu'idolâtre, c'est-à-dire en d'autres termes, qu'il est moins dangereux de n'avoir point du tout de religion que d'en avoir une mauvaise. C'est un pur sophisme. Il est très-utile qu'on croye à l'existence de Dieu : de l'idée qu'il n'est point, suit l'idée de notre indépendance ; ou, si nous ne pouvons avoir cette idée, celle de notre révolte. Dire que la religion n'est pas un motif réprimant parce qu'elle ne réprime pas toujours, c'est dire que les lois civiles ne sont pas non plus un motif réprimant. C'est faire contre la religion un mauvais raisonnement que d'énumérer les maux qu'elle a causés ; car il n'est pas d'institution, telle excellente qu'elle soit, qui ne puisse occasionner de grands malheurs si l'on en abuse. Quand il serait inutile que les sujets eussent une religion, il ne le serait pas que les princes en eussent, et qu'ils blanchissent d'écume le seul frein que ceux qui ne craignent point les lois humaines puissent avoir. La question n'est point de savoir s'il vaudrait mieux n'avoir pas de religion que d'abuser de celle que l'on a : mais bien, quel est le moindre mal, que l'on abuse quelquefois de la religion ou qu'il n'y en ait point du tout.

Rapport du Gouvernement avec la religion, et Influence de l'un sur l'autre.

Que le gouvernement modéré convient mieux à la religion chrétienne, et le gouvernement despotique à la mahométane.

La douceur, si commandée dans l'Évangile, rend la religion chrétienne incompatible avec le pur despotisme : elle ne saurait jamais s'allier à cette colère despotique avec laquelle le prince se fait justice et exerce ses cruautés. Cette religion, défendant la pluralité des femmes, les princes y sont moins séparés de leurs sujets ; et, par conséquent, plus hommes : ils sont plus disposés à se faire des lois et plus capables de sentir qu'ils ne peuvent pas tout. Pendant que les princes mahométans donnent sans cesse la mort ou la reçoivent, la religion, chez les chrétiens, rend les princes moins timides, partant moins cruels. Chose admirable! la religion chrétienne, qui ne semble avoir d'objet que la félicité de l'autre vie, fait encore notre bonheur dans celle-ci. Les massacres, les destructions et les dévastations continuelles des peuples et des villes par les chefs grecs et romains, démontrent suffisamment que nous devons au christianisme, dans le gouvernement, un certain droit politique, et dans la guerre, un certain droit des gens, que la nature humaine ne saurait assez reconnaître. C'est ce droit des gens qui fait que, parmi nous, la victoire laisse aux peuples vaincus ces grandes choses, la vie, la liberté, les lois, les biens, et toujours la religion, lorsqu'on ne s'aveugle pas soi-même.

Conséquences du caractère de la religion chrétienne et de celui de la religion mahométane.

Sur le seul caractère de la religion chrétienne et celui de la religion mahométane, on doit, sans autre examen, embrasser l'une et rejeter l'autre ; car il nous est bien plus évident qu'une religion doit adoucir les mœurs, qu'il ne l'est qu'une religion soit vraie. C'est un malheur pour la nature humaine lorsque la religion est donnée par un conquérant. La religion mahométane, qui ne parle que de glaive, agit encore sur les hommes avec cet esprit destructeur qui l'a fondée.

Que la religion catholique convient mieux à une monarchie, et la protestante s'accommode mieux d'une république.

Lorsqu'une religion naît et se forme, dans un État, de même que lorsqu'elle éprouve des révolutions, elle suit ordinairement le plan et la forme du gouvernement où elle est établie, parce que les hommes qui la reçoivent et ceux qui la font recevoir, la conforment aux idées de police qu'ils ont, et qui ne sont guères que celles de l'État dans lequel ils sont nés. C'est ainsi que, quand la religion chrétienne souffrit, il y a deux siècles, ce malheureux partage qui la divise en catholique et protestante, les peuples du Nord embrassèrent le protestantisme parce que, n'ayant point de chef visible, elle convenait mieux à l'esprit d'indépendance et de liberté que le climat inspire à ces peuples, et que c'est point ceux du midi ; aussi, ces derniers gardèrent-ils la religion catholique, plus conforme à leur esprit de subordination.

Autre paradoxe de Bayle.

Bayle prétend qu'une société de véritables chrétiens ne sauraient former un État subsistant et durable. C'est un pur paradoxe, car les principes du christianisme bien gravés dans le cœur porteraient à l'accomplissement des devoirs, produiraient beaucoup plus d'effets, et seraient infiniment plus forts que ces faux honneur des monarchies, ces vertus humaines des républiques et cette crainte servile des États despotiques.

Rapport de la Religion avec la morale. But de toute Religion.

Des Lois de perfection dans la Religion.

Les lois humaines, faites pour parler à l'esprit, doivent donner des préceptes et point de conseils : la religion, faite pour parler au cœur, doit donner beaucoup de conseils et peu de préceptes. Quand, par exemple, elle donne des règles, non pas pour le bien, mais pour le meilleur, non pas pour ce qui est bon, mais pour ce qui est parfait, il est convenable que ce soient des conseils et non des lois : car la perfection ne regarde pas l'universalité des hommes ni des choses. De plus, si ce sont des lois, il en faudra une infinité d'autres pour faire observer les premières ; et le législateur se fatiguera pour faire exécuter aux hommes par préceptes ce que ceux qui aiment la perfection auraient exécuté comme conseils.

De l'Accord des lois de la morale avec celles de la religion.

Dans tout pays où l'on a le malheur d'avoir une religion que Dieu n'a pas donnée, il est toujours nécessaire qu'elle s'accorde avec la morale, parce que la religion, même fausse, est le meilleur garant que les hommes puissent avoir de la moralité des hommes. Les points principaux de la religion des habitans du Pégu sont la pratique des principales vertus morales, et la tolérance de toutes les autres religions.

Des Esséens.

Les Esséens faisaient vœu d'observer la justice envers les hommes, de ne faire de mal à personne, même pour obéir, de haïr les injustes, de garder la foi à tout le monde, de commander avec modestie, de prendre toujours le parti de la vérité, de fuir tout gain illicite.

But matériel de toute religion.

De la Secte stoïque.

Les diverses sectes de philosophie, chez les anciens, pouvaient être considérées comme des espèces de religion. Il n'y en a jamais eu dont les principes fussent plus dignes de l'homme et plus propres à former des gens de bien que celle des Stoïciens. Elle n'oubliait que les choses dans lesquelles il y a de la grandeur, le mépris des plaisirs et de la douleur. Elle seule savait faire les citoyens ; elle seule faisait les grands empereurs, tels moins les Antonins et Julien lui-même, malgré son apostasie. Les Stoïciens n'étaient occupés qu'à travailler au bonheur des hommes et à exercer les devoirs de la société, comme s'ils eussent été chargés de veiller pour le genre humain. Nés pour la société, ils croyaient tous que leur destin était de travailler pour elle : heureux par leur philosophie seule, il semblait que le seul bonheur des autres pût augmenter le leur.

De la Contemplation.

Les hommes étant faits pour se conserver, pour se nourrir, pour se vêtir et faire toutes les actions de la société, la religion ne doit pas leur inspirer un genre de vie trop contemplative. Autrement, ils deviendraient, comme les mahométans, spéculatifs par habitude : ils renonceraient aux occupations de ce monde pour ne se livrer qu'à celles de l'autre ; ils auraient une indifférence telle pour ce qui serait exact et positif, que tout, dans l'État, languirait et que la société finirait par s'anéantir elle-même.

But moral de toute religion.

Des Pénitences.

Il est bon que les pénitences soient jointes avec l'idée du travail, non avec l'idée d'oisiveté ; avec l'idée du bien, non avec l'idée de l'extraordinaire ; avec l'idée de frugalité, non avec l'idée d'avarice.

Des Crimes inexpiables.

Il paraît, par un passage de Cicéron, qu'il y avait, chez les Romains, des crimes inexpiables. On le conçoit dans la religion païenne qui ne défendait que quelques crimes grossiers, qui arrêtait la main et abandonnait le cœur. Mais la religion chrétienne, qui embrasse toutes les passions jusqu'aux désirs et aux idées mêmes, qui est faite pour mener sans cesse du repentir à l'amour et de l'amour au repentir, ne doit point avoir de crimes inexpiables. Cependant, quoiqu'elle donne des craintes et des espérances à tous, elle fait assez sentir que, s'il n'y a point de crime qui, par sa nature, soit inexpiable, toute une vie peut l'être ; et que l'on doit craindre de combler tellement la mesure qu'on arrive à ce terme où la bonté paternelle finit, où le juge souverain doit être inflexible.

Du Rapport nécessaire de la Religion avec les Lois civiles et politiques, et de leur influence réciproque.

Comment la force de la Religion s'applique à celle des Lois civiles.

Comme la religion et les lois civiles doivent tendre principalement à rendre les hommes bons citoyens, lorsque l'une des deux s'écartera de ce but, l'autre y doit tendre davantage : moins une religion sera réprimante, plus les lois civiles devront réprimer. Lorsque la religion établit la nécessité des actions humaines, les peines des lois doivent être plus sévères et la police plus vigilante pour arrêter les excès auxquels les hommes s'abandonneraient sans cela. La religion qui admet la fatalité absolue, engourdit les hommes ; il faut que les lois civiles les réveillent et les excitent. Celle qui ne promet ni récompenses ni peines dans l'autre vie, doit être soutenue par des lois sévères et sévèrement exécutées. Quand elle défend ce que les lois civiles doivent permettre, il est dangereux que, de leur côté, ces lois permettent ce que la religion doit condamner. Quand elle fait dépendre la régularité de certaines pratiques indifférentes, elle autorise la débauche, les déréglemens et les haines. C'est une chose bien funeste lorsqu'elle attache la justification à une chose d'accident. Enfin, celle qui ne promettrait que des récompenses dans l'autre monde et point de peines aurait des conséquences bien fatales : elle inspirerait trop de mépris pour la mort aux hommes qui échapperaient au législateur. En effet quel moyen de contenir par les lois celui qui croit que la plus grande peine que les magistrats pourront lui infliger, ne finira dans un moment que pour commencer son bonheur.

Comment les Lois civiles corrigent quelquefois les fausses Religions.

Le respect pour les choses anciennes, la simplicité ou la superstition, ont souvent établi des mystères ou des cérémonies qui pouvaient choquer la pudeur. Aristote dit que, dans un cas pareil, la loi permet que les pères de famille aillent au temple célébrer les mystères pour leurs femmes et pour leurs enfans. Loi civile admirable qui conserve les mœurs contre la religion! Auguste défendit aux jeunes gens des deux sexes d'assister à aucune cérémonie nocturne, s'ils n'étaient accompagnés d'un parent plus âgé ; et lorsqu'il rétablit les fêtes Lupercales, il ne voulut pas que les jeunes gens courussent nus.

Comment les Lois de la Religion corrigent les inconvéniens de la constitution politique.

Si les lois civiles corrigent quelquefois les inconvéniens des fausses religions, d'un autre côté, la religion peut soutenir l'État politique, lorsque les lois se trouvent tombées dans l'impuissance. Ainsi, lorsque l'État est souvent agité par des guerres civiles, la religion fera beaucoup, si elle établit que quelque partie de cet État reste toujours en paix. Chez les Grecs, les Éléens, comme prêtres d'Apollon, jouissaient d'une paix éternelle. Dans les États où les guerres ne se font pas par une délibération commune et où les lois ne sont laissé aucun moyen de les terminer, la religion établit des temps de paix ou de trèves pour que le peuple puisse faire les choses sans lesquelles l'État ne pourrait subsister, comme les semailles et les travaux de l'agriculture. Quand chaque seigneur faisait, en France, la guerre ou la paix, la religion donna des trèves qui devaient avoir lieu dans de certaines saisons.

Lorsqu'il y a beaucoup de sujets de haine dans un État, il faut que la religion donne beaucoup de moyens de reconciliation ; autrement les haines seraient perpétuelles, et les maux qui en résulteraient, infinis. C'est ainsi que, chez les Malais, où la réconciliation n'est pas établie, celui qui a tué quelqu'un, sûr d'être assassiné par les parens ou les amis du mort, s'abandonne à sa fureur, blesse et tue tout ce qu'il rencontre.

Comment les Lois de la Religion ont l'effet des lois civiles.

Lorsqu'un peuple, tel que l'étaient les premiers Grecs, n'ayant ni lois, ni police, ni aucun sentiment de justice quelconque, s'abandonne aux mouvemens de la nature, et n'est point retenu par le frein des institutions civiles, la loi de la religion doit tenir lieu de ces institutions et inspirer de l'éloignement, même de l'horreur, pour celui qui, s'abandonnant à son impulsion naturelle, à sa passion du moment, aurait commis quelque faute ou quelque crime.

Que c'est moins la vérité ou la fausseté d'un dogme qui le rend utile ou pernicieux aux hommes dans l'État civil, que l'usage ou l'abus que l'on en fait.

Les dogmes les plus vrais et les plus saints peuvent avoir de très-mauvaises conséquences lorsqu'on ne les lie pas avec les principes de la société ; et, au contraire, les dogmes les plus faux en peuvent avoir d'admirables lorsqu'on fait qu'ils se rapportent aux mêmes principes. C'est ainsi que le dogme de l'immortalité est utile ou funeste à la société selon les conséquences que l'on en tire. Presque par tout le monde et dans tous les temps, cette opinion, mal envisagée, a engagé les femmes, les esclaves, les sujets, les amis, les parens, à se tuer pour aller servir, dans l'autre monde, l'objet de leur respect ou de leur amour. Ce n'est pas assez, pour une religion, d'établir un dogme, il faut encore qu'elle le dirige. C'est ce qu'a fait admirablement bien la religion chrétienne à l'égard de ceux de l'immortalité de l'âme et de la résurrection des corps ; elle nous fait espérer un état que nous croyions, non pas un état que nous sentions, ou que nous connaissions ; tout, jusqu'à la résurrection des corps, nous mène à des idées spirituelles.

De la Métempsycose.

Le dogme de l'immortalité de l'âme se divise en trois branches ; celui de l'immortalité pure, celui du simple changement de demeure, celui de la métempsycose ; c'est-à-dire, le système des chrétiens, le système des Scythes et celui des Indiens. On vient de parler des deux premiers : à l'égard du troisième, il a, aux Indes, de bons et de mauvais effets. Comme il donne aux hommes une certaine horreur pour verser le sang, il y a, aux Indes, très-peu de meurtres, et quoiqu'on n'y punisse guères de mort, tout le monde y est tranquille ; d'un autre côté, les femmes s'y brûlent à la mort de leurs maris ; il n'y a que les innocens qui y souffrent une mort violente.

Combien il est dangereux que la Religion inspire de l'horreur pour des choses indifférentes.

La religion doit éviter d'inspirer pour les choses indifférentes une horreur qui éloigne les hommes de l'amour et de la pitié qu'ils se doivent entre eux. Elle ne doit inspirer du mépris que pour le vice. Combien n'est pas funeste ce préjugé des religions mahométane et indienne, qui porte les Indiens à haïr les mahométans parce qu'ils mangent de la vache, et les mahométans à détester les Indiens parce qu'ils mangent du cochon.

Rapport des Institutions et des Lois de la Religion avec le climat, le genre de vie et les localités d'un pays.

Des Fêtes.

Quand une religion ordonne la cessation du travail, elle doit avoir égard aux besoins des hommes plus qu'à la grandeur de l'être qu'elle honore, à leur genre d'occupations, à la nature de leurs moyens d'existence, et même aux différens climats ; en telle sorte, que les fêtes soient plus rares pour les habitans des campagnes dont les travaux sont nécessaires, que pour les habitans des villes dont les travaux ne sont qu'utiles ; pour les pays situés de manière à avoir plus besoin de travail, que pour ceux où la subsistance est plus assurée et moins difficile à se procurer.

Des Lois de Religion locales.

Les diverses religions sont susceptibles de beaucoup de lois locales relatives soit au climat, soit aux productions du pays, et le législateur doit toujours avoir égard à ce que la nature a établi. C'est ainsi que l'opinion de la métempsycose est faite pour le climat des Indes. L'excessive chaleur y brûlant les campagnes, et la difficulté d'y nourrir le bétail l'y rendant très-rare, même presqu'insuffisant pour la culture, une loi de religion qui le conserve est donc très-convenable à la nature du pays. D'un autre côté, le riz et les légumes y croissent heureusement par les eaux qu'on peut y employer : une loi de religion qui ne permet que cette nourriture y est donc très-utile aux hommes. Si, à Athènes, on croyait honorer davantage les dieux en leur offrant de petits présens, qu'en leur immolant des bœufs, cette maxime religieuse tenait à ce qu'Athènes, ayant dans son sein une multitude innombrable de peuple, et son territoire étant stérile, il ne fallait pas être prodigue des productions du sol.

Inconvéniens du Transport d'une Religion d'un pays dans un autre.

Il résulte de là, qu'il y a très-souvent beaucoup d'inconvéniens à transporter une religion d'un pays dans un autre. Le cochon, par exemple, est une nourriture presque universelle et nécessaire. Cependant, la religion doit en défendre l'usage dans les pays où il est rare, et dans ceux dont le climat rend le peuple susceptible des maladies de la peau, comme en Arabie, dans la Palestine, l'Égypte et la Lybie.

M. Chardin dit qu'il n'y a point de fleuve navigable en Perse, si ce n'est le fleuve Kur, qui est aux extrémités de l'empire. L'ancienne loi des Guèbres, qui défendait de naviguer sur les fleuves, n'avait donc aucun inconvénient dans leur pays ; mais elle aurait ruiné le commerce dans un autre. Les continuelles lotions sont très en usage dans les climats chauds. Cela fait que la loi mahométane et la religion indienne les ordonnent. C'est un acte très-méritoire aux Indes de prier Dieu dans l'eau courante ; mais comment exécuter ces choses dans d'autres climats. Lorsque la religion fondée sur le climat a trop choqué le climat d'un autre pays, elle n'a pu s'y établir, et quand on l'y a introduite, elle en a été chassée. Il suit de là qu'il est presque toujours convenable que la religion ait des dogmes particuliers et un culte général. Dans les lois qui concernent les pratiques du culte, il faut peu de détails ; par exemple, des mortifications et non pas une certaine mortification. Le christianisme est plein de bon sens ; l'abstinence est de droit divin, mais une abstinence particulière est de droit de police, et l'on peut la changer.

 Des Lois, dans le rapport qu'elles ont avec l'Etablissement de la Religion de chaque pays, et sa Police extérieure.

Du Sentiment pour la Religion.

L'homme pieux et l'athée parlent toujours de Religion ; l'un parle de ce qu'il aime ; et l'autre, de ce qu'il craint.

Du Motif d'attachement pour les diverses Religions.

Les diverses religions du monde ne donnent pas à ceux qui les professent des motifs égaux d'attachement pour elles : cela dépend beaucoup de la manière dont elles se concilient avec la façon de penser et de sentir des hommes. On peut considérer comme les causes principales de l'attachement plus ou moins fort que l'on peut avoir pour sa religion, celles ci-après : 1°. L'idolâtrie nous attire sans nous attacher ; la spiritualité ne nous attire guères, mais nous y sommes attachés par l'effet d'un sentiment d'amour propre. Nous regardons l'idolâtrie comme la religion des peuples grossiers, et la religion qui a pour objet un être spirituel, comme celle des peuples éclairés. 2°. La spiritualité jointe aux idées sensibles dans le culte, attire et attache : de là, les catholiques tiennent plus à leur religion que les protestans. 3°. La spiritualité jointe à une idée de choix fait par la Divinité et d'une distinction de ceux qui la suivent d'avec ceux qui ne la suivent pas ; de là, tant de bons Musulmans. 4°. Beaucoup de pratiques qui occupent ; de là, l'attachement des Mahométans et des Juifs, l'indifférence des Barbares et leur facilité à changer de religion. 5°. La promesse de récompenses et la crainte des peines ; parce que les hommes sont naturellement portés à espérer et à craindre. 6°. La pureté de la morale, parce que les hommes en masse sont honnêtes gens, et qu'on est sûr de plaire au peuple par les sentimens que la morale avoue, et sûr de le choquer, par ceux qu'elle réprouve. 7°. La magnificence du culte, parce qu'elle nous flatte et nous élève au-dessus de nous-mêmes. 8°. La richesse des temples, parce qu'elle nous affecte beaucoup.

De la Police extérieure de la Religion.

Des Temples.

Presque tous les peuples policés habitent dans des maisons : de là est venue naturellement l'idée de bâtir à Dieu une maison, où ils puissent l'adorer et l'aller chercher dans leurs craintes ou leurs espérances. En effet, rien n'est plus consolant, pour les hommes, qu'un lieu où ils trouvent la Divinité plus présente, et où, tous ensemble, ils font parler leur faiblesse et leur misère. Mais cette idée, si naturelle, ne vient qu'aux peuples qui cultivent les terres ; et l'on ne verra pas bâtir de temples chez ceux qui, eux-mêmes, n'ont pas de maisons. Exemples historiques à l'appui : les Tartares n'habitent pas de maisons, ne connaissent point les temples. Les peuples qui n'ont point de temples, ont peu d'attachement pour leur religion, et ils se changent assez facilement. Comme la Divinité est le refuge des malheureux, et qu'il n'y a pas de gens plus malheureux que les criminels, on a été naturellement porté à penser que les temples étaient un asile pour eux : cette idée parut encore plus naturelle chez les Grecs, où les meurtriers, chassés de leur ville et de la présence des hommes, semblaient n'avoir plus de maisons que les temples, et d'autres protecteurs que les dieux. Ils restreignirent d'abord l'usage qu'ils en firent, dans de justes bornes, et ne permettaient ces asiles qu'aux homicides involontaires : mais ils les laissèrent devenir abusifs et dangereux, en souffrant qu'ils servissent de refuge, non-seulement aux grands criminels, mais même aux débiteurs insolvables et aux esclaves méchans : en telle sorte que, le peuple protégeant les crimes des hommes, comme les cérémonies des dieux, les magistrats avaient beaucoup de peine à exercer la police. Les lois de Moïse, à cet égard, furent très-sages. Les homicides involontaires étaient innocens, mais ils devaient être enlevés à la présence des parens du mort : il établit donc un asile pour eux. Les grands criminels ne méritent pas d'asile, ils n'en eurent pas. Les Juifs n'avaient qu'un tabernacle portatif, et qui changeait continuellement de lieu. Cela exclupt l'idée d'asile. Il est vrai qu'ils devaient avoir un temple ; mais s'ils mirent leurs asiles dans les villes plutôt que dans les tabernacles ou leurs temples, c'est afin d'éviter d'une part, que les criminels ne troublassent le service divin, et, d'un autre côté, que ces malheureux n'adorassent des dieux étrangers, s'ils étaient chassés hors du pays, comme chez les Grecs.

Des Ministres de la Religion.

Du moment que le désir naturel de plaire à la Divinité multiplia les cérémonies de la religion, et que les hommes, occupés à l'agriculture, devinrent incapables de les exécuter et d'en remplir les détails, on consacra aux dieux des lieux particuliers ; il fallut des ministres pour en prendre soin. Aussi les peuples qui n'ont point de prêtres, sont-ils ordinairement barbares. Des gens consacrés à la Divinité, devinrent être honorés, sur-tout chez les peuples qui s'étaient formé une certaine idée de la pureté corporelle nécessaire pour approcher des endroits les plus agréables aux dieux, et dépendant de certaines pratiques. Le culte des dieux, demandant une attention continuelle, la plupart des peuples furent portés à faire du clergé un corps séparé. On consacra à la Divinité de certaines familles. Il y eut même des religions, entre autres la religion chrétienne, où l'on ôta aux ecclésiastiques les embarras d'une famille. Par la nature de l'entendement humain, nous aimons, en fait de religion, tout ce qui suppose un effort ; et c'est une observation, confirmée par l'expérience, que le célibat a été plus agréable aux peuples à qui il semblait convenir le moins, et pour lesquels il pouvait avoir des suites plus fâcheuses. Dans les pays du midi de l'Europe, où, par la nature du climat, la loi du célibat est plus difficile à observer, elle a été retenue. Dans ceux du nord, où les passions sont moins vives, elle a été proscrite. Il y a plus : dans les pays où il y a peu d'habitans, elle a été admise ; dans ceux où il y en a beaucoup, elle a été rejetée.

Des bornes que les lois doivent mettre aux richesses du Clergé.

Les familles particulières peuvent périr ; ainsi les biens n'y ont point une destination perpétuelle. Le clergé est une famille qui ne peut pas périr ; les biens y sont donc attachés pour toujours et n'en peuvent pas sortir. Les familles particulières peuvent s'augmenter ; il faut donc que leurs biens puissent croître aussi. Le clergé est une famille qui ne doit point s'augmenter ; il faut donc que les biens y soient bornés. Les lois civiles trouvent quelquefois des obstacles à changer des abus établis, parce qu'ils sont liés à des choses qu'elles doivent respecter. Dans ce cas, une disposition indirecte marque plus le bon esprit du législateur, que celle qui frapperait sur la chose même. Au lieu de défendre les acquisitions au clergé, il faut chercher à l'en dégoûter lui-même ; laisser le droit et ôter le fait. Moyens d'y parvenir. L'ancien et nécessaire domaine du clergé doit être sacré et inviolable, fixe et éternel comme lui. Mais le nouveau doit sortir de ses mains. Permettez de violer la règle lorsque la règle est devenue un abus ; souffrez l'abus lorsqu'il rentre dans la règle. La maxime qui dit que le clergé doit contribuer aux charges de l'Etat, est regardée, à Rome, comme une maxime de révolte et contraire à l'Ecriture.

Des Monastères.

Le moindre bon sens fait voir que ces corps qui se perpétuent sans fin, ne doivent pas vendre leurs fonds à vie, ni faire des emprunts à vie, à moins qu'on ne veuille qu'ils se rendent héritiers de tous ceux qui n'ont point de parens, et de tous ceux qui n'en veulent point avoir. Ces gens jouent contre le peuple, mais ils tiennent la banque contre lui.

Du Luxe de la Superstition.

La magnificence du culte extérieur a beaucoup de rapport à la constitution de l'Etat. Dans les bonnes républiques, on n'a pas réprimé seulement le luxe de la vanité, mais encore celui de la superstition ; on a fait, dans la religion, des lois d'épargne. En effet, le soin que les hommes doivent avoir de rendre un culte à la Divinité, est bien différent de la magnificence de ce culte ; et jamais la religion ne doit, sous prétexte de dons, exiger des peuples ce que les nécessités de l'Etat leur ont laissé. Il ne faudrait pas non plus que la religion encourageât les dépenses des funérailles. Qu'y a-t-il de plus naturel que d'ôter la différence des fortunes dans une chose et dans les moyens qui égalisent toutes les fortunes ?

Du Pontificat.

Lorsque la religion a beaucoup de ministres, il est naturel qu'ils aient un chef, et que le pontificat y soit établi. Dans la monarchie, où l'on ne saurait trop séparer les ordres de l'Etat, et où l'on ne doit point assembler, sur une même tête, toute la puissance, il est bon que le pontificat soit séparé de l'empire. La même nécessité ne se rencontre pas dans le gouvernement despotique, dont la nature est de réunir tous les pouvoirs dans une même main. Mais pour prévenir les abus et les inconvéniens qui pourraient résulter de ce que, dans ce cas, le prince pourrait regarder la religion comme des effets de sa volonté, il faut qu'il y ait des monumens de la religion, tels que des livres sacrés qui la fixent et l'établissent, de manière à ce qu'elle triomphe toujours de la tyrannie.

Des Moyens de conserver la Religion, et de sa propagation.

De la Tolérance en fait de Religion.

Tolérer une religion, même pour des théologiens, ce n'est pas l'approuver. Lorsque les lois d'un Etat ont cru devoir souffrir plusieurs religions, il faut qu'elles les obligent aussi à se tolérer entre elles. C'est un principe que toute religion, qui est réprimée, devient elle-même réprimante, et attaque tyranniquement la religion qui l'a opprimée, aussitôt que, par quelque hasard, elle peut sortir de l'oppression. Il est donc utile que les lois exigent, de ces diverses religions, non-seulement qu'elles ne troublent pas l'Etat, mais aussi qu'elles ne se troublent pas entre elles.

Comme il n'y a guères que les religions intolérantes qui aient un grand zèle pour s'établir ailleurs, parce qu'une religion qui peut tolérer les autres, ne songe guères à se propagation, ce sera une très-bonne loi civile, lorsque l'Etat est satisfait de la religion déjà établie, de ne point souffrir l'établissement d'une autre. Voici donc le principe fondamental des lois politiques en fait de religion : quand on est maître de recevoir, dans un Etat, une nouvelle religion, ou de ne pas la recevoir, il ne faut pas l'y établir ; quand elle y est établie, il faut la tolérer.

Du Changement de Religion.

C'est une entreprise fort dangereuse pour un prince, même despotique, de vouloir changer la religion de son Etat. Ce changement l'expose à une révolution presque certaine, parce qu'un Etat ne change pas de religion, de mœurs et de manières dans un instant et aussi vite que le prince publie l'ordonnance qui établit une religion nouvelle. En outre, la religion ancienne est liée avec la constitution de l'Etat, et la nouvelle n'y tient pas. Il y a plus ; ce changement occasionne, chez les citoyens, du dégoût pour leurs lois, et du mépris pour le gouvernement déjà établi ; on substitue des soupçons contre les deux religions à la ferme croyance que l'on avait dans une ; en un mot, on donne à l'Etat, au moins pour quelque temps, et de mauvais citoyens et de mauvais fidèles.

Des Lois Pénales.

Il faut éviter les lois pénales, en fait de religion. Elles impriment de la crainte, il est vrai, mais comme la religion a ses lois pénales aussi qui inspirent de la crainte, l'une est effacée par l'autre. Entre ces deux craintes différentes, les âmes deviennent atroces. Ce n'est donc pas par les peines que l'on parvient à détacher d'une religion. Il est plus sûr de l'attaquer par la faveur, les commodités de la vie, par l'espérance de la fortune, par ce qui peut faire oublier cette religion, et inspirer pour elle une tiédeur inévitable, lorsque d'autres passions, agissant plus fortement sur nos âmes, font taire celles que la religion inspire. Règle générale ; en fait de changement de religion, les invitations sont plus fortes que les peines, et l'histoire nous apprend assez que les lois pénales n'ont jamais eu d'effet que comme destruction.

Très-humble Remontrance aux Inquisiteurs d'Espagne et de Portugal.

Cette remontrance a pour but de prouver à l'Inquisition d'Espagne et de Portugal, 1°. qu'il est injuste à elle de se plaindre de ce qu'au Japon on fait mourir les chrétiens à petit feu, parce qu'elle, de son côté, agit de même à l'égard de ceux, non-seulement qui ne croient pas à sa religion, mais même qui, croyant aux principes généraux qu'elle professe, n'adoptent pas quelques dogmes particuliers ; et, qu'en cela les inquisiteurs sont bien plus cruels que les Empereurs du Japon. 2°. Qu'elle ne doit pas faire brûler les Juifs ; parce qu'en suivant leur religion, ils ne font qu'obéir à leurs pères que toutes les lois les obligent à regarder comme des dieux sur la terre. 3°. Qu'en voulant établir par le feu la religion chrétienne, elle lui a ôté l'avantage qu'a cette religion sur le mahométisme qui s'est établi par le fer. 4°. Qu'elle fait jouer aux chrétiens le rôle des Dioclétien, et aux Juifs celui des chrétiens. 5°. Qu'elle est contraire à la religion de Jésus-Christ, qui ne prêche que l'humanité et la justice, qui ne veut faire triompher la vérité que par la douceur, et non par la force ou les supplices. 6°. Qu'elle ne doit pas faire brûler les Juifs parce qu'ils ne veulent pas feindre une abjuration, et profaner nos mystères ; qu'elle ne doit pas les faire mourir, parce qu'ils suivent une religion que Dieu leur a donnée, et qu'ils croient qu'il leur donne encore. 7°. Qu'enfin, elle déshonore un siècle éclairé comme le nôtre, et suffirait pour le faire placer, par la postérité, au nombre des siècles barbares.

Pourquoi la Religion chrétienne est si odieuse au Japon.

L'atrocité du caractère des Japonais, la fermeté qu'inspire le christianisme quand il s'agit de renoncer à la foi, et la soumission rigoureuse que le prince exige à sa volonté, ont rendu la religion chrétienne odieuse au Japon, où la moindre désobéissance est punie très-sévèrement. Ils regardent l'attachement à la religion comme une désobéissance ; le titre de martyr signifie rebelle dans leur esprit ; ils en sont effrayés, et cette cause détermina un combat horrible entre les tribunaux qui condamnèrent, et les accusés qui souffrirent ; entre les lois civiles et celles de la religion.

De la Propagation de la Religion.

De ce que dans un pays, ainsi que dans la plupart de ceux d'Orient, chez les Japonais, chez les Siamois, les Calmoucks et autres, toutes les religions en elles-mêmes seront regardées comme indifférentes, et de ce qu'on les souffrira toutes, il n'en résultera pas qu'une religion, apportée d'un pays éloigné, et totalement différent de climat, de mœurs, de lois et de manières, y ait tout le succès que sa sainteté devrait lui promettre. Cela est vrai, sur-tout dans les grands empires despotiques ; on y tolère d'abord les étrangers, parce qu'on ne fait pas d'attention à ce qui ne paraît point blesser la puissance du prince ; mais que quelque dispute s'élève, que la religion nouvelle ait quelque succès, quelqu'avantage, aussitôt les gens qui peuvent avoir un intérêt quelconque, sont avertis : comme cet Etat, par sa nature, demande la tranquillité, et que le moindre trouble peut le renverser, on commence par proscrire cette religion nouvelle, parce qu'elle déplaît, et qu'on la redoute ; et ensuite ceux qui l'annoncent ou la propagent, parce qu'ils ne la connaissent point.

Des Lois, dans le rapport qu'elles doivent avoir avec l'ordre des choses sur lesquelles elles statuent.

Idée du Livre 26ème.

Les hommes sont gouvernés par diverses sortes de lois :

1°. Par le droit naturel, commun à chaque individu en tant qu'homme.

2°. Par le droit divin, qui est celui de la religion.

3°. Par le droit ecclésiastique, autrement appelé canonique, qui est celui de la police de la religion.

4°. Par le droit des gens, qu'on peut considérer comme le droit civil de l'univers, dans le sens que chaque peuple en est un citoyen.

5°. Par le droit politique général, qui a pour objet cette sagesse humaine qui a fondé toutes les sociétés.

6°. Par le droit politique particulier, qui concerne chaque société.

7°. Par le droit de conquête, fondé sur ce qu'un peuple a voulu, a pu, ou a dû faire violence à un autre.

8°. Par le droit civil de chaque société, par lequel un citoyen peut défendre ses biens et sa vie contre tout autre citoyen.

9°. Enfin, par le droit domestique, qui vient de ce que chaque société est divisée en diverses familles qui ont besoin d'un gouvernement particulier.

Il y a donc différens ordres de lois; et la sublimité de la raison humaine consiste à savoir bien auquel de ces ordres se rapportent principalement les choses sur lesquelles on doit statuer, et à ne point mettre de confusion dans les principes qui doivent gouverner les hommes.

Des Lois divines et des Lois humaines.

On ne doit point statuer, par les lois divines, ce qui doit l'être par les lois humaines, ni régler, par les lois humaines, ce qui doit l'être par les lois divines. Tout le monde convient bien que les lois humaines diffèrent par leur origine, par leur objet et par leur nature, des lois de la religion; et c'est un grand principe; mais ce principe lui-même est soumis à d'autres qu'il faut chercher.

1°. La nature des lois humaines est d'être soumise aux accidens et de varier à mesure que les volontés des hommes changent : au contraire, la nature des lois de la religion est de ne jamais varier. Les lois humaines statuent sur le bien, les lois divines sur le meilleur. Le bien peut avoir plusieurs objets, parce qu'il y a plusieurs espèces de biens; mais le meilleur est un; il ne peut donc pas changer. On peut changer les lois parce qu'elles ne sont censées qu'être bonnes; mais les institutions de la religion sont invariables parce qu'elles sont toujours supposées les meilleures.

2°. Il y a des États où les lois ne sont rien, ou ne sont qu'une volonté capricieuse et transitoire du prince. Si, dans ces États, les lois de la religion étaient de la nature des lois humaines, les lois de la religion ne seraient rien non plus : il est pourtant nécessaire à la société qu'il y ait quelque chose de fixe; et c'est cette religion qui est quelque chose de fixe.

3°. La force principale de la religion vient de ce qu'on la croit; la force des lois humaines vient de ce qu'on les craint. L'antiquité convient à la religion, parce que souvent nous croyons plus les choses à mesure qu'elles sont plus reculées; car nous n'avons pas dans la tête des idées accessoires tirées de ces temps là, qui puissent les contredire. Les lois humaines, au contraire, tirent avantage de leur nouveauté, qui annonce une attention particulière et actuelle du législateur pour les faire observer.

Des Lois civiles qui sont contraires à la LOI NATURELLE.

Le législateur doit toujours avoir grand soin de ne jamais mettre la loi en opposition avec la nature. La loi qui, sous Henri VIII, condamnait un homme sans que les témoins lui eussent été confrontés, était contraire à la défense naturelle. La loi passée, sous le même règne, qui condamnait toute fille qui, ayant eu un mauvais commerce avec quelqu'un, ne le déclarait point au roi, avant d'épouser son amant, violait la défense de la pudeur naturelle. Il en était de même de la loi de Henri II qui condamnait à mort une fille dont l'enfant avait péri, en cas qu'elle n'ait point déclaré sa grossesse au magistrat. En effet, l'éducation a augmenté en elle l'idée de la conservation de la pudeur naturelle; et, à peine, dans ces momens, lui est-il resté une idée de la perte de la vie. La loi d'Angleterre qui permettait à une fille de sept ans de se choisir un mari, était doublement révoltante; elle n'avait aucun égard au temps de la maturité que la nature a donnée à l'esprit, ni au temps de la maturité qu'elle a donnée au corps. Un père pouvait, chez les Romains, obliger sa fille à répudier son mari, quoiqu'il eût lui-même consenti au mariage : mais il est contre la nature que le divorce soit mis entre les mains d'un tiers. Si le divorce est conforme à la nature, ce n'est que quand les deux parties, ou, au moins, l'une d'elles y consentent : la faculté ne peut en être donnée qu'à ceux qui ont intérêt de faire cesser les inconvéniens du mariage.

Gondebaud, roi de Bourgogne, voulait que, si la femme ou le fils de celui qui avait volé, ne révélait pas le crime, ils fussent réduits en esclavage. Cette loi était contre la nature. Pour venger une action criminelle, il en ordonnait une plus criminelle encore. Il en était de même de la loi par laquelle Recessuinde permettait aux enfans de la femme adultère, ou à ceux de son mari d'accuser leur mère, et de mettre à la question les esclaves de la maison. Éloge de la Phèdre de Racine qui ne nous cause autant de plaisir, que parce qu'elle exprime les véritables accens de la nature.

Cas où l'on peut juger par les Principes du Droit Civil, en modifiant les Principes du DROIT NATUREL.

Une loi de Solon obligeait les enfans de nourrir leurs pères tombés dans l'indigence; elle exceptait ceux qui étaient nés d'une courtisane, ceux dont le père avait exposé la pudicité par un trafic infâme, ceux à qui il n'avait pas donné de métier pour gagner leur vie. La loi considérait que, dans le premier cas, le père se trouvant incertain, il avait rendu précaire son obligation naturelle; que, dans le second, il avait flétri la vie qu'il avait donnée, et que le plus grand mal qu'il pût faire à ses enfans, il l'avait fait en les privant de leur caractère; que, dans le dernier cas, il leur avait rendu insupportable une vie qu'ils trouvaient tant de difficulté à soutenir. Cette loi pouvait être bonne dans les deux premiers cas, soit celui où la nature laisse ignorer au fils quel est son père, soit celui où elle semble même lui ordonner de le méconnaître; mais on ne saurait l'approuver dans le troisième, où le père n'avait violé qu'un règlement civil.

Que l'ordre des Successions dépend des Principes du Droit Politique ou Civil, et non pas des Principes du DROIT NATUREL.

Traiter d'injustes et de barbares certaines lois telles que celle Voconienne, ou certaines coutumes qui ne permettraient pas d'instituer une femme héritière, pas même sa fille unique, c'est une erreur qui vient de ce que l'on a regardé le droit que les enfans ont de succéder à leurs pères, comme une conséquence de la loi naturelle; ce qui n'est pas. La loi naturelle ordonne aux pères de nourrir leurs enfans, mais elle n'oblige pas de les faire héritiers; et les réglemens sur le partage des biens ou les successions, ne peuvent avoir été faits que par le société, et par conséquent, par des lois politiques ou civiles. Il est vrai que l'ordre politique demande souvent que les enfans succèdent aux pères; mais il ne les leur ordonne pas toujours. Les lois des fiefs ont pu avoir des raisons pour appeler les mâles à la succession, à l'exclusion des filles, et les lois des Lombards ont pu en avoir, pour que les sœurs, les enfans naturels, les autres parens, et, à leur défaut, le fisc concourussent avec les filles. Ainsi, à la Chine, il y ont des dynasties où, par des raisons d'État, les frères de l'Empereur lui succédaient à l'exclusion de ses enfans. Dans une monarchie purement élective, c'est aux lois politiques et civiles seules à décider dans quel cas la raison veut que la couronne soit déférée aux enfans ou à d'autres. Dans les pays où la polygamie est établie, elle a pu faire déférer la couronne aux enfans de la sœur, à l'exclusion de ceux du roi, car le nombre des enfans du prince pouvant être considérable, il pourrait en résulter, pour le peuple, impossibilité de pourvoir à leur entretien; et, de plus, de graves inconvéniens, des révolutions, même des guerres civiles, à l'occasion des prétentions au trône. Maxime générale : nourrir ses enfans, est une obligation du droit naturel; leur donner sa succession, est une obligation du droit civil ou politique. De là dérivent les différentes dispositions sur les bisards, dans les divers pays du monde; elles suivent les lois civiles ou politiques de chaque pays.

Qu'il ne faut pas décider par les préceptes de la Religion, lorsqu'il s'agit de ceux de la LOI NATURELLE.

Quelque rigoureuse que soit l'observation des préceptes de la religion, elle ne doit jamais aller jusqu'à faire sacrifier les droits de la défense naturelle, parce que cette défense est d'un ordre supérieur à tous les préceptes. Ce fut donc une sottise aux Juifs de ne pas se défendre, lorsque leurs ennemis choisirent le jour du sabbat pour les attaquer, et aux soldats de la garnison de Péluse, de ne point tirer sur les animaux que Cambyse, assiégeant cette place, mit au premier rang, parce que les Égyptiens tenaient ces animaux pour sacrés.

Qu'il ne faut pas décider, par les Lois civiles, les choses qui doivent l'être par les LOIS DOMESTIQUES.

La loi des Visigoths voulait que les esclaves fussent obligés de lier l'homme et la femme qu'ils surprenaient en adultère, et de les présenter au mari et au juge. Cette loi ne serait bonne que dans les détails d'Orient, où l'esclave qui est chargé de la clôture ayant prévariqué [...]

Malheureux sort de l'Ynca Athualpa.

Les principes qui viennent d'être établis, furent cruellement violés par les Espagnols. L'Ynca Athualpa ne pouvait être jugé que par le droit des gens, ils le jugèrent par les lois politiques et civiles. Ils l'accusèrent d'avoir fait mourir quelques-uns de ses sujets, d'avoir eu plusieurs femmes, etc. : et le comble de la stupidité fut qu'ils ne le condamnèrent pas par les lois politiques et civiles de son pays, mais par les lois politiques et civiles du leur.

Que lorsque, par quelque circonstance, la Loi Politique détruit l'État, il faut décider par la Loi Politique qui le conserve, qui devient quelquefois un Droit des Gens.

Il peut arriver que la loi politique devienne destructive du corps politique pour lequel elle a été faite, et, dans ce cas, cette loi doit être remplacée par une autre loi politique qui le conserve, et qui, dans le fond, est la véritable, parce que, toutes choses, elles deviennent la plus forte. La clarté du peuple est la suprême loi. Ainsi, comme on l'a déjà dit, un grand État devenu accessoire d'un autre, affaiblit et celui-ci et l'État principal. En effet, l'intérêt de l'État, la bonne administration de ses revenus, demandent la présence de son chef. Il est à craindre que la monnaie ne sorte d'un pays pour en enrichir un autre; qu'enfin, par des raisons étrangères, quoiqu'avantageuses toujours moins que celles établies, le prince veuille changer les lois et les coutumes d'une partie de ses États; ce qui [...]

Qu'il ne faut pas régler, par les Principes du Droit qu'on appelle Canonique, les choses réglées par les Principes du DROIT CIVIL.

Par le droit civil des Romains, celui qui enlève d'un lieu sacré une chose privée, n'est puni que du crime de vol : par le droit canonique, il est puni du crime de sacrilège. Le droit canonique fait attention au lieu, le droit civil à la chose. Mais n'avoir attention qu'au lieu, c'est ne réfléchir ni sur la nature et la définition du vol, ni sur la nature et la définition du sacrilège. Autrefois le droit canonique accordait à la femme, aussi bien qu'au mari, le droit de demander la séparation pour cause d'adultère. À ne regarder le mariage que dans des idées purement spirituelles, et dans le rapport aux choses de l'autre vie, la violation est la même. Mais les lois politiques et civiles de presque tous les peuples ont, avec raison, distingué ces deux choses. En effet, l'infidélité de la part de la femme suppose l'abnégation de toute pudeur, le renoncement à toutes les vertus, et la violation de ces devoirs qui, seuls, la retiennent dans la dépendance qui lui est naturelle. Elle a, en outre, des conséquences fort graves, en mettant à la charge du mari, les enfans adultérins de la femme, au lieu qu'il n'en est pas de même des enfans adultérins du mari, qui ne sont ni à la femme, ni à la charge de la femme.

Que les choses qui doivent être réglées par les Principes du DROIT CIVIL, peuvent rarement l'être par les Principes des Lois de la Religion.

Les lois religieuses ont plus de sublimité; les lois civiles ont plus d'étendue. Les lois de perfection tirées de la religion ont plus pour objet la bonté de l'homme qui les observe, que celle de la société dans laquelle elles sont observées : les lois civiles, au contraire, ont plus pour objet la bonté morale des hommes en général, que celle des individus. Ainsi, quelque respectables que soient les idées qui naissent immédiatement de la religion, elles ne doivent pas toujours servir de principe aux lois civiles, parce que celles-ci en ont un autre qui est le bien général de la société. Exemples tirés des Romains dont les réglemens, pour conserver les mœurs des femmes, furent d'abord des institutions politiques, ensuite des lois civiles établies sur les principes du gouvernement civil, et firent, quand la religion chrétienne eut pris naissance, par changer de nature, en ayant moins de rapport à la bonté générale des mœurs, qu'à la sainteté du mariage qui fut plutôt considéré dans un État spirituel que dans l'État civil. D'abord, par la loi romaine, au mari qui ramenait sa femme après la condamnation d'adultère, fut puni comme complice de ses débauches. En permettant au mari pendant deux ans de l'aller reprendre dans le monastère, Justinien songea plus à la religion qu'à la pureté des mœurs. En abrogeant une loi de Constantin relative au mariage des femmes qui convolaient pendant l'absence de leur mari dont elles n'avaient point de nouvelles, il eut trop en vue l'indissolubilité du mariage. Et, enfin, il s'éloigna entièrement des principes des lois civiles, en autorisant le divorce pour entrer en religion.

Dans quel cas il faut suivre la LOI CIVILE qui permet, et non pas la Loi de la Religion qui défend.

Lorsqu'il s'introduit, dans un pays, une religion contraire à des institutions établies par les lois civiles, ainsi qu'il arriverait de la religion chrétienne dans les lieux où la polygamie est permise, la loi civile ne doit permettre d'embrasser cette religion, qu'autant qu'il ne pourrait pas en résulter d'inconvénient pour ceux qui auraient suivi ces institutions; car ce serait les punir lorsqu'ils n'auraient fait qu'obéir aux lois.

Qu'il ne faut pas régler les Tribunaux humains par les maximes des Tribunaux qui regardent l'autre vie.

Le tribunal de l'inquisition formé par les moines chrétiens sur l'idée du tribunal de la pénitence, est contraire à toute bonne police. C'est un des abus de ce tribunal, insupportable dans tous les gouvernemens, et qui ne saurait avoir d'heureux effets dans aucun, que, de deux personnes qui y sont accusées du même crime, celle qui nie est condamnée à mort, et celle qui avoue évite le supplice. Ceci est tiré des idées monastiques où, celui qui nie paraît être dans l'impénitence et est damné, et celui qui avoue semble être dans le repentir, et est sauvé. Mais une pareille distinction ne peut concerner les tribunaux humains : la justice humaine qui ne voit que les actions, n'a qu'un pacte avec les hommes, celui de l'innocence; la justice divine, qui voit les pensées, en a deux, celui de l'innocence et celui du repentir.

Dans quel cas il faut suivre, à l'égard des mariages, les Lois de la Religion, et dans quel cas il faut suivre les LOIS CIVILES.

Dans tous les temps et dans tous les pays, la religion s'est mêlé des mariages, pour légitimer et sanctifier, dans un cas, une chose regardée comme impure ou illicite, et la réprouver dans les autres. D'un autre côté, les mariages étant, de toutes les actions humaines, celle qui intéresse le plus la société, il a bien fallu qu'ils fussent réglés par les lois civiles. Tout ce qui regarde le caractère du mariage, sa forme, la manière de le contracter, la fécondité qu'il procure, est du ressort de la religion. Les conséquences de cette union, par rapport aux biens, aux avantages réciproques, à la famille nouvelle, à celle dont elle est sortie, à celle qui doit naître, regardent les lois civiles. Comme un des grands objets du mariage est d'ôter toutes les incertitudes des conjonctions illégitimes, la religion y imprime son caractère, et les lois civiles y ajoutent le leur, afin qu'il ait tous l'authenticité possible. Ainsi, outre les conditions que demande la religion pour que le mariage soit valide, les lois civiles en peuvent exiger d'autres, pourvu, toutefois, que ces dernières conditions n'aient rien de contraire aux premières. Par exemple, la loi de la religion veut que certaines cérémonies, et les lois civiles veulent le consentement des pères; il y a à cela là-dedans de surérogatoire. Il suit de là que c'est à la loi de la religion à décider si le lien sera indissoluble ou non; car si les lois de la religion avaient établi le lien indissoluble, et que les lois civiles eussent réglé qu'il pût se rompre, ce seraient deux choses contradictoires. Quelquefois les caractères imprimés au mariage par les lois civiles, ne sont pas d'une absolue nécessité, et elles se déterminent souvent selon les circonstances.

Dans quels cas, dans les mariages entre parens, il faut se régler par les lois de la nature; dans quels cas on doit se régler par les LOIS CIVILES.

Pour poser le point auquel, en fait de prohibition de mariage entre parens, les lois de la nature s'arrêtent et les lois civiles commencent, il faut établir des principes. Le mariage du fils avec la mère confond l'état des choses : le fils doit un respect sans bornes à sa mère, la femme doit un respect sans bornes à son mari : le mariage d'une mère avec son fils renverserait, dans l'un et l'autre, leur état naturel. Il y a plus : la nature a avancé dans les femmes le temps où elles peuvent avoir des enfans; elle l'a reculé dans les hommes; et, par la même raison, la femme cesse plus tôt d'avoir cette faculté, et l'homme plus tard. Si le mariage entre la mère et le fils était permis, il arriverait, presque toujours, que, lorsque le mari serait capable d'entrer dans les vues de la nature, la femme n'y serait plus. Le mariage entre le père et la fille répugne à la nature comme le précédent; mais il répugne moins, parce qu'il n'a point ces deux obstacles. Il a toujours été naturel aux pères de veiller sur la pudeur de leurs enfans; et, chargés du soin de les établir, par conséquent, toujours occupés de la conservation de leurs mœurs, ils ont dû avoir un éloignement naturel pour tout ce qui pourrait les corrompre : et, bien que le mariage ne soit point une corruption, l'aspect de séduction qui le précède a dû faire horreur; il a fallu une barrière insurmontable entre ceux qui devaient donner l'éducation, et ceux qui devaient la recevoir, et éviter toute sorte de corruption, même pour une cause légitime. L'horreur pour l'inceste du frère avec la sœur a dû partir de la même source, la conservation et la pureté des mœurs des enfans. La prohibition du mariage entre cousins-germains a la même origine. Dans les premiers temps, sous les enfans restaient dans la maison et s'y établissaient. Les enfans des deux frères étaient regardés et se regardaient entre eux comme frères. L'éloignement qui était entre les frères et sœurs pour le mariage, était donc aussi entre les cousins-germains. Ces causes sont si fortes et si naturelles qu'elles ont agi presque par toute la terre, indépendamment d'aucune communication. Si quelques peuples n'ont point rejeté les mariages entre les cousins-germains, c'est parce qu'ils habitent quelquefois dans des pays où les autres familles n'habitent pas à la nature. Mais comme les lois de la nature ne peuvent être des lois locales, quand ces mariages sont défendus ou permis, ils sont, selon les circonstances, permis ou défendus par une loi civile. Il n'est point d'un usage nécessaire que le beau-frère et la belle-sœur habitent dans la même maison. Le mariage n'est donc point défendu entre eux pour conserver la pudicité dans la maison, et la loi qui le permet ou le défend, n'est pas la loi de la nature, mais une loi civile qui se règle sur les circonstances, et dépend des usages de chaque pays; ce sont des cas où les lois dépendent des mœurs et des manières. En général, les lois civiles permettent ou défendent les mariages entre parens, selon qu'ils paraissent conformes ou contraires à la loi de nature dans les différens pays. Aussi sont-ils permis, chez plusieurs peuples, entre le beau-frère et la belle-sœur, pendant qu'ils sont défendus chez d'autres nations.

Qu'il ne faut pas régler, par les Principes du Droit Politique, les choses qui dépendent des principes du DROIT CIVIL.

De même que les hommes ont renoncé à leur indépendance naturelle, pour vivre sous des lois politiques, de même ils ont renoncé à la communauté naturelle des biens pour vivre sous des lois civiles. Les premières lois leur acquièrent la liberté, les secondes la propriété. Il ne faut pas décider par les lois de la liberté, qui n'est que l'empire de la cité, ce qui ne doit être décidé que par les lois qui concernent la propriété. Ce serait un faux raisonnement de dire que le bien particulier doit céder au bien public : cela n'a lieu que dans le cas où il s'agit de l'empire de la cité, c'est-à-dire de la liberté du citoyen; mais, jamais, dans ceux où il est question de la propriété, parce que le bien public consiste toujours en ce que chacun conserve invariablement la propriété que lui donnent les lois civiles. C'est donc une maxime constante que le bien public n'est jamais que l'on prive en particulier, même de la moindre partie de son bien, par une loi ou un réglement politique. Dans ce cas, il faut suivre à la rigueur la loi civile qui est le palladium de la liberté. Ainsi, lorsque le public a besoin du fonds d'un particulier, il ne faut jamais agir par la loi politique; et si le magistrat politique veut faire quelque édifice public, quelque nouveau chemin, il faut qu'il indemnise. Le public, est, à cet égard, comme un particulier qui traite avec un particulier. C'est bien assez qu'il puisse contraindre un citoyen de lui vendre son héritage, et qu'il lui ôte ce grand privilège qu'il tient de la loi civile, de ne pouvoir être forcé d'aliéner son bien.

Qu'il ne faut pas décider, par les principes des Lois Civiles, les choses qui appartiennent au DROIT DES GENS.

La liberté consiste principalement à ne pouvoir être forcé de faire une chose que la loi n'ordonne pas; et l'on n'est dans cet état, que parce qu'on est gouverné par des lois civiles : nous sommes donc libres, parce que nous vivons sous des lois civiles. Il suit de là que les princes qui ne vivent point entre eux sous des lois civiles, ne sont point libres; ils sont gouvernés par la force; ils peuvent continuellement forcer ou être forcés. De là il résulte que les traités qu'ils ont faits par force, sont aussi obligatoires que ceux qu'ils auraient faits de bon gré. Quand nous, qui vivons sous des lois civiles, sommes contraints à faire quelque contrat que la loi n'exige pas, nous pouvons, à la faveur de la loi, revenir contre la violence : mais un prince qui est toujours dans cet état dans lequel il force ou est forcé, ne peut pas se plaindre d'un traité qu'on lui a fait faire par violence. C'est comme s'il se plaignait de son état naturel; c'est comme s'il voulait être prince à l'égard des autres princes, et que les autres princes fussent citoyens à son égard; c'est-à-dire, choquer la nature des choses.

Qu'il ne faut pas décider, par les Lois Politiques, les choses qui appartiennent au DROIT DES GENS.

Les lois politiques demandent que tout homme soit soumis aux tribunaux criminels et civils du pays où il est, et à l'animadversion du souverain. Le droit des gens a voulu que les princes s'envoyassent des ambassadeurs; et la raison, tirée de la nature de la chose, n'a pas permis que ces ambassadeurs dépendissent du souverain chez qui ils sont envoyés, ni de ses tribunaux. Ils sont la parole du prince qui les envoie, et cette parole doit être libre. Aucun obstacle ne doit les empêcher d'agir. Ils peuvent souvent déplaire, parce qu'ils parlent pour un homme indépendant. On pourrait leur imputer des crimes, s'ils pouvaient être punis pour des crimes; on pourrait leur supposer des dettes, s'ils pouvaient être arrêtés pour des dettes. Un prince qui a une fierté naturelle parlerait par la bouche d'un homme qui aurait tout à craindre. Il faut donc suivre, à l'égard des ambassadeurs, les raisons tirées du droit des gens, et non pas celles qui dérivent du droit politique. Que s'ils abusent de leur être représentatif, on le fait cesser en les renvoyant chez eux; on peut même les accuser devant leur maître, qui devient par là leur juge ou leur complice, mais jamais ils ne doivent être traduits devant les tribunaux de la nation où ils sont envoyés.

Que lorsque, par quelque circonstance, la Loi Politique détruit l'État, il faut décider par la Loi Politique qui le conserve, qui devient quelquefois un Droit des Gens.

Il peut arriver que la loi politique devienne destructive de l'État pour lequel elle a été faite, et, dans ce cas, cette loi doit être remplacée par une autre loi politique qui le conserve, et qui, dans le fond, devient quelquefois un droit des gens. [...] ne peut guères se faire sans de grandes secousses et une grande effusion de sang. Il résulte de là que, si un grand État se trouve le possesseur d'un grand fief, le premier peut être bien précieux, parce qu'il est utile à tous; les deux que l'ordre de la succession n'ait pas changé. Je n'ai rien à craindre, à plus forte raison, s'il est question de faire renoncer, à titre onéreux, par exemple, qu'un certain mariage n'ait des suites qui puissent [...]

Qu'il ne faut pas décider, par les règles du Droit Civil, quand il s'agit de décider par celles du DROIT POLITIQUE.

Quelques exemples suffisent pour démontrer cette vérité. En matière d'aliénation du domaine de l'État, il serait absurde d'expliquer les principes du droit civil : en effet, la nature de cette espèce de domaine est entièrement différente de celle de toutes les propriétés civiles. Il est indispensable qu'il y ait un domaine pour faire subsister l'État; aliéner celui qui existe, c'est en créer un nouveau, qui, par la nature de la chose, sera plus onéreux au sujet et moins avantageux au souverain; il ne peut donc y avoir nul inconvénient à faire ce genre de propriété. L'ordre de succession, dans les monarchies, est établi, non pas pour la famille régnante, mais parce qu'il est de l'intérêt de l'État qu'il y ait une famille régnante, pour éviter les malheurs résultant de l'arbitraire et de l'incertitude du trône. La loi qui règle la succession n'a en vue que ce bien-là, et la conservation de l'État. Au contraire, la loi qui règle la succession des particuliers a en vue une loi civile qui, ayant pour objet l'intérêt des individus, ne peut jamais être invoquée pour décider des droits au trône, soit lorsque la loi politique vient s'éteindre, soit lorsque la loi politique a fait renoncer à la succession la famille régnante. Il est ridicule de prétendre décider des droits des royaumes, des nations, et de l'univers, par les mêmes maximes sur lesquelles, pour se servir de l'expression de Cicéron, on décide entre particuliers d'un droit pour une gouttière. Enfin l'extradition doit être examiné par les règles de la loi politique, et qu'il ne s'agit pas de la loi civile. On regarde comme une peine cet usage où, au contraire, en une preuve de la douceur et de l'humanité des peuples que l'on emploie; et, cela, parce que, dans l'ostracisme, on se voit qu'un mal, et, par conséquent, une punition, tandis qu'il convenait d'une nouvelle gloire civil qui y était condamné; et l'on ne cesse de s'en servir que lorsqu'on en est abusé contre un homme sans mérite. Cette institution, purement politique, ne pouvait donc être soumise aux principes des lois civiles.

Qu'il faut examiner si les Lois qui paraissent se contredire sont du même ordre.

À Rome, il fut permis au mari de prêter sa femme à un autre. D'un autre côté, un mari qui souffrait les débauches de sa femme, qui ne la mettait pas en jugement, ou qui la reprenait après la condamnation, était puni. Ces deux lois paraissent se contredire, et ne se contredisent pas. La première est une loi lacédémonienne, établie pour donner à la république des enfans d'une bonne espèce; la seconde avait pour objet de conserver les mœurs. L'une était une loi politique, l'autre une loi civile.

Que les Règlemens de Police sont d'un autre ordre que les autres Lois civiles.

Il y a des criminels que le magistrat punit; il y en a d'autres qu'il corrige. Les premiers sont soumis à la puissance de la loi; les autres, à son autorité; ceux-là sont retranchés de la société; on oblige ceux-ci de vivre selon les règles de la société. Dans l'exercice de la police, c'est plutôt le magistrat qui punit que la loi; dans les jugemens des crimes, c'est plutôt la loi qui punit que le magistrat. Les matières de police sont des choses de chaque instant, où il ne s'agit ordinairement que de peu : il ne faut donc guères de formalités. Les actions de la police sont promptes, et elle s'exerce sur des choses qui reviennent tous les jours : les grandes punitions n'y sont donc pas propres. Elle s'occupe perpétuellement de détails : les grands exemples ne sont donc point faits [...]

Qu'il ne faut pas suivre les dispositions générales du Droit civil, lorsqu'il s'agit de choses qui doivent être soumises à des règles tirées de leur propre nature.

Est-ce une bonne loi, que toutes les obligations civiles passées dans le cours d'un voyage entre matelots dans un navire, soient nulles? François Pyrard dit que, de son temps, elle n'était point observée par les Portugais, mais qu'elle l'était par les Français. Des gens qui ne sont ensemble que pour peu de temps, qui n'ont aucuns besoins, puisque le prince y pourvoit, qui n'ont qu'un objet, celui de leur voyage, qui ne sont plus dans la société, mais qu'ils l'étaient dans le navire, ne doivent point contracter de ces obligations qui n'ont été introduites que pour soutenir les charges de la société civile. C'est dans ce même esprit que la loi des Rhodiens, faite pour un temps où l'on suivait toujours les côtes, voulait que [...]

De la manière de composer les Lois.

De l'Esprit du Législateur.

L'esprit de modération doit être celui du législateur; le bien politique, comme le bien moral, se trouve toujours entre deux limites. Ainsi, par exemple, les formalités de la justice sont nécessaires à la liberté, mais le nombre en peut être si grand, qu'il serait destructif de la liberté et de la sûreté même des citoyens: les affaires n'auraient point de fin; la propriété des biens resterait incertaine; on donnerait à l'une des parties le bien de l'autre sans examen, ou on les ruinerait toutes deux à force d'examiner. Les accusateurs n'auraient plus les moyens de convaincre, ni les accusés, les moyens de se justifier. Un sage législateur doit donc savoir arrêter même le bien là où commence l'excès, et éviter de conduire les hommes par les voies extrêmes.

Que les Lois qui paraissent s'éloigner des vues du législateur y sont souvent conformes.

La loi de Solon, qui déclarait infâmes tous ceux qui, dans une sédition, ne prendraient aucun parti, a semblé bien extraordinaire; mais elle ne paraît pas sage à quiconque fait attention aux circonstances dans lesquelles la Grèce se trouvait alors. Loin de favoriser les séditions, cette loi les prévenait ou les rendait utiles, en forçant tous les membres de la république à s'occuper de ses vrais intérêts, et en faisant rentrer le petit nombre de personnes sages et tranquilles parmi les séditieux qu'elles modéraient. Elle ne conviendrait pas dans nos grandes monarchies où les partis étant formés de peu de gens et le peuple voulant vivre dans l'inaction, il est naturel de rappeler les séditieux au gros des citoyens, non pas le gros des citoyens aux séditieux.

Des Lois qui choquent les vues du législateur.

Ces lois sont celles qui sont contraires au but même que le législateur s'est proposé, soit parce qu'il en a mal saisi, soit parce qu'il en a mal appliqué les conséquences. C'est ainsi que la loi d'Amphiction, tout en voulant qu'on ne détruise jamais les villes grecques, ouvre la porte à la destruction de ces villes en autorisant la ruine des peuples qui oseraient entreprendre une semblable destruction. Le moyen d'atteindre le but qu'on désirait, était d'accoutumer les Grecs à penser que c'était une chose atroce de détruire une ville grecque; il ne fallait pas même détruire les destructeurs, mais infliger d'autres peines; ordonner, par exemple, qu'un certain nombre de magistrats de la ville destructrice, ou des chefs de l'armée violatrice, seraient punis de mort; que le peuple destructeur cesserait, pour un temps, de jouir des privilèges des Grecs; qu'il paierait une amende jusqu'au rétablissement de la ville. La loi devait sur-tout porter sur la réparation du dommage, et non y ajouter comme elle a fait.

Que les Lois qui paraissent les mêmes n'ont pas toujours le même effet; nécessité de bien composer les Lois.

Deux lois exactement semblables pourront avoir des effets tout contraires: c'est ainsi, que la loi par laquelle César défendit de garder chez soi plus de soixante sesterces était sage et juste, parce qu'elle obligeait les riches à prêter aux pauvres, mettait ceux-ci en état de satisfaire les riches et faisait circuler l'argent parmi le peuple: celle de Law, au contraire, qui portait la même défense, était injuste et funeste, parce qu'elle avait pour effet de réunir tout l'argent dans une seule main, et de le retirer de la circulation. C'est encore ainsi, que la loi de l'ostracisme, par les formes dont elle était entourée, eut d'admirables effets à Athènes, tandis qu'elle occasiona mille maux à Syracuse, parce que, faite sans prudence, elle était pour les citoyens un moyen facile de se bannir les uns les autres; de sorte que ceux qui avaient quelque mérite, quittaient les affaires. De là, la nécessité, pour bien composer les lois, d'avoir égard aux temps, aux circonstances, aux mœurs et aux usages.

Que les Lois qui paraissent les mêmes n'ont pas toujours eu le même motif.

Les lois des Romains sur les substitutions, reçues la plupart en France, sont un exemple de cette vérité. Chez nous, les substitutions ont pour objet de perpétuer l'héritage et de conserver les biens dans une famille du même nom: chez les Romains, l'hérédité étant jointe à de certains sacrifices qui devaient être faits par l'héritier, et qui étaient réglés par les Pontifes, ils tinrent à déshonneur de mourir sans héritiers; ils prirent pour héritiers leurs esclaves, et ils inventèrent les substitutions. La vanité était donc le motif de ces lois romaines; la conservation des fortunes dans les familles du même nom, était, au contraire, le principe de nos lois sur les substitutions.

Que les Lois grecques et romaines ont puni l'homicide de soi-même sans avoir le même motif.

La loi grecque punissait le suicide commis, non par ordre du magistrat, ni pour éviter l'ignominie, mais par faiblesse: la loi romaine punissait cette action lorsqu'elle n'avait pas été faite par faiblesse d'âme, par ennui de la vie, par impuissance de souffrir la douleur, mais par le désespoir de quelque crime. La loi romaine absolvait dans le cas où la loi grecque condamnait, et condamnait dans le cas où l'autre absolvait. La loi de Platon était formée sur les institutions lacédémoniennes, qui regardaient l'ignominie comme le plus grand des malheurs, la faiblesse comme le plus grand des crimes. La loi romaine n'était qu'une loi fiscale. Cela est si vrai que, du temps de la république, il n'y avait point de loi qui punît l'homicide de soi-même: cette action était même alors, ainsi que sous les premiers empereurs, toujours prise en bonne part: ces princes ne commencèrent à la punir que, quand, devenus aussi avares qu'ils avaient été cruels, ils ne laissèrent plus à ceux dont ils voulaient se défaire, le moyen de conserver leurs biens, et déclarèrent que ce serait un crime de s'ôter la vie par le remords d'un autre crime.

Que les Lois qui paraissent contraires dérivent quelquefois du même esprit.

On va aujourd'hui dans la maison d'un homme pour l'appeler en jugement; cela ne pouvait se faire chez les Romains. L'appel en jugement était une action violente, et comme une espèce de contrainte par corps; et l'on ne pouvait pas plus aller dans la maison d'un homme pour l'appeler en jugement, qu'on ne peut aujourd'hui aller contraindre par corps dans sa maison un homme qui n'est condamné que pour dettes civiles. Les lois romaines et les nôtres admettent également ce principe que chaque citoyen a sa maison pour asile, et qu'il n'y doit recevoir aucune violence.

De quelle manière deux Lois diverses peuvent être comparées.

Pour comparer deux lois diverses sur le même objet et juger quelle est la meilleure, la plus conforme à la raison, il ne faut pas comparer chacune de leurs dispositions l'une à l'autre; il faut les prendre toutes ensemble et les comparer toutes ensemble. Exemple tiré des lois de France et d'Angleterre contre les faux témoins: la première prononçait la peine capitale; la seconde ne la prononçait pas.

Que les Lois qui paraissent les mêmes, sont réellement quelquefois différentes.

Les lois grecques et romaines punissaient le receleur du vol comme le voleur: la loi française fait de même. Celles-là étaient raisonnables, celle-ci ne l'est pas. Chez les Grecs et chez les Romains, le voleur étant condamné à une peine pécuniaire, il fallait punir le receleur de la même peine; car, tout homme qui contribue de quelque façon à un dommage, doit le réparer. Mais parmi nous, la peine du vol étant capitale, on a pu, sans outrer les choses, punir le receleur comme le voleur. Celui qui reçoit le vol peut en mille occasions le recevoir innocemment; celui qui vole est toujours coupable: l'un empêche la conviction d'un crime déjà commis; l'autre commet ce crime: tout est passif dans l'un; il y a une action dans l'autre: il faut que le voleur surmonte plus d'obstacles, et que son âme se roidisse plus long-temps contre les lois.

Qu'il ne faut pas séparer les Lois de l'objet pour lequel elle sont faites: des Lois romaines sur le vol.

Les lois romaines ont toujours puni plus sévèrement le voleur manifeste, c'est-à-dire, celui surpris avec la chose volée avant qu'il l'eût portée dans le lieu où il avait résolu de la cacher, que le voleur non manifeste, celui qui n'était découvert qu'après le recélé du vol. Il paraît bizarre que ces lois missent une différence dans la qualité de ces deux crimes, et dans la peine qu'elles infligeaient: en effet, que le voleur fût surpris avant ou après avoir porté le vol dans l'endroit de sa destination, c'était une circonstance qui ne changeait point la nature du crime. Il y a lieu de croire que cela vient de ce que toute la théorie des lois romaines sur le vol était tirée des institutions lacédémoniennes. Lycurgue, dans la vue de donner à ses citoyens de l'adresse, de la ruse et de l'activité, voulut qu'on exerçât les enfans au larcin, et qu'on fouettât rudement ceux qui s'y laisseraient surprendre: cela établit chez les Grecs et ensuite chez les Romains une grande différence entre le vol manifeste et le vol non manifeste. Comme les lois civiles dépendent des lois politiques, parce que c'est toujours pour une société qu'elles sont faites, il serait bon, que, quand on veut porter une loi civile d'une nation chez une autre, on examinât si ces nations ont toutes deux les mêmes institutions et le même droit politique. Ainsi, lorsque les lois sur le vol passèrent des Crétois aux Lacédémoniens, comme elles y passèrent avec le gouvernement et la constitution même, elles furent aussi sensées chez l'un de ces peuples, qu'elles l'étaient chez l'autre; mais, lorsque de Lacédémone elles furent portées à Rome, comme elles n'y trouvèrent pas la même constitution, elles y furent toujours étrangères, et n'y eurent aucune liaison avec les autres lois civiles.

Qu'il ne faut point séparer les Lois des circonstances dans lesquelles elles ont été faites.

Telle loi conviendra dans tel pays, selon les circonstances dans lesquelles elle aura été faite, et ne conviendra pas à tel autre pays dans des circonstances différentes. C'est ainsi que les lois romaines punissaient les médecins pour leur négligence ou leur impéritie: par nos lois il en est autrement. Les lois de Rome n'avaient point été faites dans les mêmes circonstances que les nôtres: à Rome, s'ingérait de la médecine qui voulait; mais parmi nous, les médecins sont obligés de faire des études et de prendre de certains grades; ils sont donc censés connaître leur art.

Qu'il est bon quelquefois qu'une loi se corrige elle-même.

La loi des douze tables permettait de tuer le voleur de nuit, aussi bien que le voleur de jour, qui étant poursuivi, se mettait en défense; mais elle voulait que celui qui tuait le voleur, criât et appelât les citoyens; et c'est une chose que les lois qui permettent de se faire justice soi-même, doivent toujours exiger. C'est le cri de l'innocence qui, dans le moment de l'action, appelle des témoins, appelle des juges. Il faut que le peuple prenne connaissance de l'action, et qu'il en prenne connaissance dans le moment qu'elle a été faite, dans un temps où tout parle, l'air, le visage, les passions, le silence; où chaque parole condamne ou justifie. Une loi qui peut devenir si contraire à la sûreté des citoyens, doit être exécutée en présence des citoyens mêmes.

Chose à observer dans la composition des Lois.

Le style des lois doit être concis: il doit être simple; l'expression directe s'entend toujours mieux que l'expression réfléchie. Quand le style des lois est enflé, on ne le regarde que comme un ouvrage d'ostentation. Il est essentiel que les paroles des lois réveillent les mêmes idées chez tous les hommes, qu'elles soient précises et présentent aucun vague, aucune généralité qui puisse donner lieu à l'arbitraire; qu'elles soient rédigées de manière à n'être pas éludées. Lorsque la loi doit faire quelque vexation, il faut, autant qu'on le peut, éviter de la faire à prix d'argent. Mille causes changent la valeur de la monnaie, et, avec la même dénomination, on n'a plus la même chose. Jamais la loi ne doit faire exception de personnes, quelles que soient leurs dignités: elle ne doit point renfermer de subtilité, n'étant que la raison simple d'un père de famille; point d'exceptions, de limitations, de modifications: point de lois inutiles: point de changement dans une loi sans motif suffisant. Si l'on croit convenable de rendre raison d'une loi, il faut que cette raison soit digne d'elle, qu'elle soit tirée de la nature des choses, et non de circonstances étrangères et ridicules, telle qu'il était la raison de cette loi romaine, qui décidait qu'un aveugle ne pouvait pas plaider, parce qu'il ne voyait pas les ornemens de la magistrature. En fait de présomption, celle de la loi vaut mieux que celle de l'homme. Lorsque le juge présume, les jugemens deviennent arbitraires; lorsque la loi présume, elle donne au juge une règle fixe. Les lois doivent être conçues de manière à ne pas choquer la nature des choses. Enfin, on doit mettre dans les lois une certaine candeur, parce que, faites pour punir la méchanceté des hommes, elles doivent avoir elles-mêmes la plus grande innocence.

Mauvaise manière de donner des Lois.

Les lois doivent statuer sur des objets généraux et non sur des questions particulières: aussi, les rescrits des Empereurs Romains et les décrétales des Papes, qui sont, à proprement parler, des rescrits, sont-ils une mauvaise sorte de législation? Il en résulte que l'on étend à tous les cas une décision et souvent même une faveur spéciale qui, la plupart du temps, est basée sur des faits exposés d'une manière plus ou moins exacte, tandis que les lois doivent être uniquement fondées sur la nature des choses.

Des idées d'uniformité.

Les idées d'unité et de régularité plaisent à tous les esprits; ils y trouvent un genre de perfection qu'il est impossible de ne pas reconnaître. Cependant ces idées ne doivent pas être, en tous temps, tellement générales dans la législation et l'administration d'un pays, qu'on ne puisse y déroger; et le vrai génie du législateur consiste à savoir dans quels cas il faut l'uniformité, et dans quels cas il faut des différences.

Des Législateurs.

Les lois rencontrent toujours les passions et les préjugés du législateur. Quelquefois elles passent au travers, et s'y teignent; quelquefois elles y restent et s'y incorporent. Exemples qui confirment cette vérité tirés des principaux législateurs de diverses nations.

Comparaison de plusieurs Principes et Passages de Montesquieu et de Blackstone.

MONTESQUIEU. *Esprit des Lois.*

Il ne faut pas beaucoup de probité pour qu'un gouvernement monarchique ou un gouvernement despotique se maintiennent ou se soutiennent. La force des lois dans l'un, le bras du prince toujours levé dans l'autre, règlent ou contiennent tout. Mais, dans un Etat populaire, il faut un ressort de plus, qui est la vertu.

Livre III, chap. III. *Du Principe de la Démocratie.*

Comme il faut de la vertu dans le gouvernement populaire, il en faut aussi dans l'aristocratique. Il est vrai qu'elle n'y est pas si absolument requise.

Le peuple, qui est à l'égard des nobles ce que les sujets sont à l'égard du monarque, est contenu par leurs lois. Il a donc besoin de moins de vertu que le peuple de la démocratie.

Chap. IV. *Du Principe de l'Aristocratie.*

Le peuple, dans la démocratie, est, à certains égards, le monarque; à certains autres, il est le sujet. Il ne peut être monarque que par ses suffrages, qui sont ses volontés. La volonté du souverain, est le souverain lui-même. Les lois qui établissent le droit de suffrage sont donc fondamentales dans ce gouvernement. En effet, il est aussi important d'y régler comment, par qui, à qui, sur quoi, les suffrages doivent être donnés, qu'il l'est, dans une monarchie, de savoir quel est le monarque, et de quelle manière il doit gouverner.

Libanius dit qu'à Athènes un étranger qui se mêlait dans l'assemblée du peuple était puni de mort. C'est qu'un tel homme usurpait le droit de souveraineté.

Liv. II, chap. II. *Du Gouvernement républicain et des Lois relatives à la démocratie.*

Les pouvoirs intermédiaires, subordonnés et dépendans, constituent la nature du gouvernement monarchique; c'est-à-dire, de celui où un seul gouverne par des lois fondamentales. J'ai dit les pouvoirs intermédiaires, subordonnés et dépendans : en effet, dans la monarchie, le prince est la source de tout pouvoir politique et civil. Ces lois fondamentales supposent nécessairement des canaux moyens par où coule la puissance; car s'il n'y a, dans l'Etat, que la volonté momentanée et capricieuse d'un seul, rien ne peut être fixe, et, par conséquent, aucune loi fondamentale.

Le pouvoir intermédiaire subordonné le plus naturel est celui de la noblesse. Elle entre en quelque façon dans l'essence de la monarchie, dont la maxime fondamentale est : Point de monarque, point de noblesse; point de noblesse, point de monarque. Mais on a un despote.

Il y a des gens qui avaient imaginé, dans quelques Etats en Europe, d'abolir toutes les justices des seigneurs. Ils ne voyaient pas qu'ils voulaient faire ce que le parlement d'Angleterre a fait. Abolissez, dans une monarchie, les prérogatives des seigneurs, du clergé, de la noblesse et des villes, vous aurez bientôt un Etat populaire ou un Etat despotique.

Liv. II, chap. IV. *Des Lois dans leur rapport avec la nature du gouvernement monarchique.*

BLACKSTONE. *Commentaires sur les Lois Anglaises.*
Traduction de M^r. D. G***, édition de Bruxelles, 1774.

Dans une démocratie, où le droit de faire des lois réside dans le peuple en général, on trouve plus aisément la vertu publique, ou la bonté de l'intention, qu'aucune des autres qualités nécessaires pour le gouvernement. Les assemblées populaires sont souvent absurdes dans leurs décisions, et faibles dans l'exécution; mais, en général, elles veulent le bien et la justice, et elles ont toujours un certain degré de patriotisme ou de vertu publique. Dans une aristocratie, on voit plus de sagesse que dans toute autre forme de gouvernement, puisqu'elle n'est composée que de citoyens qui sont, ou qui devraient être expérimentés dans les affaires. Mais on y trouve aussi moins de probité que dans une démocratie, et moins de force que dans une monarchie.

Discours préliminaire. Section II. *De la Nature des Lois en général.* Tome Ier. pag. 70.

Dans une démocratie, la souveraineté ne peut être exercée que par des suffrages, qui sont la déclaration de la volonté du peuple. Il est donc de la plus grande importance pour tout gouvernement démocratique, d'établir l'ordre des suffrages, et de désigner précisément ceux qui doivent les donner. Les Athéniens étaient si justement jaloux de cette prérogative, qu'un étranger qui s'introduisait dans les assemblées du peuple, était puni de mort par la loi; parce qu'un tel homme était censé coupable de haute trahison, en usurpant des droits de souveraineté auxquels il n'avait aucun titre.

Tome Ier., liv. Ier., chap. II, pag. 243. *Du Parlement.*

Un corps de noblesse est essentiellement nécessaire dans une constitution mixte telle que la nôtre, afin de soutenir les droits de la couronne et du peuple, en formant une barrière contre les usurpations de l'une et de l'autre. L'échelle des dignités doit être graduelle depuis le paysan jusqu'au prince, telle qu'une pyramide dont la base est considérable, et qui, diminuant en raison de ce qu'elle s'élève, se termine enfin par un point. Cette proportion raffermit un Etat; et tout gouvernement qui la néglige et qui laisse un passage trop prompt entre les deux extrêmes, n'est établi que sur un fondement ruineux. Les nobles sont des colonnes, dont les matériaux ont été pris parmi le peuple et qui servent à soutenir le trône : s'il s'écroulait, ils seraient nécessairement ensevelis sous ses ruines. Ainsi, lorsque dans le dernier siècle, les membres des communes eurent déterminé de détruire la monarchie, ils déclarèrent la chambre des pairs, inutile et dangereuse. Des titres de noblesse étant donc si nécessaires dans un Etat, il s'ensuit que ceux qui les possèdent, doivent former une branche de la législation, indépendante et séparée des autres. S'ils étaient confondus avec le corps du peuple; si, comme lui, ils ne pouvaient que donner leurs voix pour l'élection des représentans, leurs priviléges seraient bientôt emportés par le torrent populaire, et toutes les distinctions des rangs seraient totalement détruites. Ainsi, il est très-nécessaire que le corps des nobles

Les Anglais, pour favoriser la liberté, ont ôté toutes les puissances intermédiaires qui formaient leur monarchie. Ils ont bien raison de conserver cette liberté; s'ils venaient à la perdre, ils seraient un des peuples les plus esclaves de la terre.

Ibid.

Il y a toujours, dans un Etat, des gens distingués par la naissance, les richesses ou les honneurs; mais s'ils étaient confondus parmi le peuple, et s'ils n'y avaient qu'une voix comme les autres, la liberté commune serait leur esclavage, et ils n'auraient aucun intérêt à la défendre, parce que la plupart des révolutions seraient contre eux. La part qu'ils ont à la législation doit donc être proportionnée aux autres avantages qu'ils ont dans l'Etat; ce qui arrivera, s'ils forment un corps qui ait droit d'arrêter les entreprises du peuple, comme le peuple a droit d'arrêter les leurs. Ainsi, la puissance législative sera confiée et au corps des nobles et au corps qui sera choisi pour représenter le peuple, qui auront chacun leurs assemblées et leurs délibérations à part, et des vues et des intérêts séparés.

Liv. XI, chap. VI. *De la Constitution d'Angleterre.*

L'ambition est pernicieuse dans une république: elle a de bons effets dans la monarchie; elle donne la vie à ce gouvernement; et on y a cet avantage, qu'elle n'y est pas dangereuse, parce qu'elle y peut être sans cesse réprimée.

Vous diriez qu'il en est comme du système de l'univers, où il y a une force qui éloigne sans cesse du centre tous les corps, et une force de pesanteur qui les y ramène. L'honneur fait mouvoir toutes les parties du corps politique; il les lie par son action même, et il se trouve que chacun va au bien commun, croyant aller à ses intérêts particuliers.... Comme il faut de la vertu dans une république, et dans une monarchie de l'honneur, il faut de la crainte dans un gouvernement despotique: pour la vertu, elle n'y est point nécessaire et l'honneur y serait dangereux.

Liv. III, chap. VII. *Du Principe de la monarchie, et chap. IX, du Principe du gouvernement despotique.*

L'atrocité des lois en empêche l'exécution. Lorsque la peine est sans mesure, on est souvent obligé de lui préférer l'impunité.

Liv. VI, chap. XIII. *Impuissance des Lois Japonaises.*

C'est un grand mal parmi nous de faire subir la même peine à celui qui vole sur un grand chemin et à celui qui vole et assassine. Il est visible que pour la sûreté publique, il faudrait mettre quelque différence dans la peine.

A la Chine, les voleurs cruels sont coupés en morceaux; les autres, non: cette différence fait que l'on y vole; mais que l'on n'y assassine pas.

En Moscovie, où la peine des voleurs et celle des assassins sont les mêmes, on assassine toujours. Les morts, y dit-on, ne racontent rien.

Quand il n'y a point de différence dans la peine, il faut en mettre dans l'espérance de la grâce. En Angleterre, on n'assassine point, parce que les voleurs peuvent espérer d'être transportés dans les colonies, non pas les assassins.

Liv. VI, chap. XVI. *De la juste proportion des peines avec le crime.*

Lorsque dans la même personne ou dans le même corps de magistrature la puissance législative est réunie

puisse s'assembler et délibérer séparément; et ait un pouvoir distinct de celui des communes.

Ibid, pag. 228 et 229.

La distinction des rangs et des dignités est nécessaire en tout état bien gouverné, afin de récompenser de la manière la plus flatteuse pour les individus, ceux qui se distinguent par des services rendus à la patrie, sans les rendre à charge à l'Etat, en excitant dans les uns une émulation louable, ou une émulation utile dans les autres. Cette émulation, cette ambition vertueuse, quelque dangereuse qu'elle puisse être dans une pure république, ou dans un gouvernement despotique, ne sera jamais suivie que des meilleurs effets dans une monarchie libre, où, sans détruire son existence, ses excès pourront toujours être réprimés par cette puissance supérieure qui est la source des honneurs. Un tel esprit d'émulation répand la vie et la vigueur partout, et donne aux ressorts du gouvernement un mouvement qui, sagement dirigé, peut produire les plus heureux effets, en rendant chaque individu un instrument du bien public, lors même qu'il ne croit agir que par des vues personnelles.

Ibid, pag. 228.

Les punitions d'une trop grande sévérité, sur-tout si elles sont indistinctement employées, ont moins d'effet pour prévenir les crimes et retenir les peuples, que celles qui sont plus modérées.

Tome V, liv. IV, chap. Ier. pag. 334. *De la Nature des Crimes et Délits et de leur punition.*

Lorsqu'on ne met nulle distinction dans les punitions, le peuple se persuade qu'il n'y en a point dans les crimes. C'est pourquoi, en France, où le vol sur les grands chemins est puni avec la même sévérité que le vol accompagné d'un meurtre, il arrive assez rarement que le vol ne soit pas accompagné de l'assassinat. A la Chine, où les assassins sont coupés par morceaux, et non pas les voleurs, il se commet peu d'assassinats sur les grands chemins; mais on y vole beaucoup. En Angleterre, les voleurs ont l'espérance que la peine de mort prononcée contre eux par la loi, sera commuée en celle de la transportation aux îles, et les meurtriers sont privés de cette espérance.

Ibid, pag. 336 et 337.

Dans tous les gouvernemens tyranniques, le droit de faire des lois et de les faire exécuter, réside dans le même homme, ou à la puissance exécutrice, il n'y a point de liberté, parce qu'on peut craindre que le même monarque ou le même sénat ne fasse des lois tyranniques, pour les exécuter tyranniquement.

Liv XI, chap. VI. *De la Constitution d'Angleterre.*

Il n'y a point de liberté si la puissance de juger n'est pas séparée de la puissance législative et de celle exécutrice. Si elle était jointe à la puissance législative, le pouvoir sur la vie et la liberté des citoyens serait arbitraire; car le juge serait législateur : si elle était jointe à la puissance exécutrice, le juge pourrait avoir la force d'un oppresseur.

Ibid.

Comme dans un Etat libre, tout homme qui est censé avoir une âme libre, doit être gouverné par lui-même, il faudrait que le peuple en corps eût la puissance législative; mais comme cela est impossible dans les grands Etats, et est sujet à beaucoup d'inconvéniens dans les petits, il faut que le peuple fasse, par ses représentans, tout ce qu'il ne peut faire par lui-même.

L'on connaît beaucoup mieux les besoins de sa ville que ceux des autres villes, et on juge mieux de la capacité de ses voisins, que de celle de ses autres compatriotes. Il ne faut donc pas que les membres du corps législatif soient tirés, en général, du corps de la nation; mais il convient que, dans chaque lieu principal, les habitans se choisissent un représentant.

Il n'est pas nécessaire que les représentans, qui ont reçu de ceux qui les ont choisis une instruction générale, en reçoivent une particulière sur chaque affaire, comme cela se pratique dans les diètes d'Allemagne. Il est vrai que, de cette manière, la parole des députés serait plus l'expression de la voix de la nation; mais cela jetterait dans des longueurs infinies, rendrait chaque député le maître de tous les autres; et, dans les occasions les plus pressantes, toute la force de la nation pourrait être arrêtée par un caprice...... Il y avait un grand vice dans la plupart des républiques anciennes; c'est que le peuple avait droit d'y prendre des résolutions actives, et qui demandent quelqu'exécution; chose dont il est entièrement incapable. Il ne doit entrer dans le gouvernement que pour choisir ses représentans; ce qui est très à sa portée. Car, s'il y a peu de gens qui connaissent le degré précis de la capacité des hommes, chacun est pourtant capable de savoir en général si celui qu'il choisit est plus éclairé que la plupart des autres.

Liv XI, chap. VI. *De la Constitution d'Angleterre.*

Tous les citoyens, dans les divers districts, doivent

bien dans le même corps; toutes les fois que ces deux puissances sont unies ensemble, il n'y a plus de liberté publique. Dans un pareil gouvernement, le magistrat fait des lois tyranniques et les exécute despotiquement, puisqu'il est tout à la fois législateur et dispensateur, et qu'il a pour l'un et pour l'autre tout le pouvoir qu'il veut avoir.

Tome I⁰ʳ., chap. II, pag. 216. *Du Parlement.*

Le pouvoir judiciaire, remis à un corps particulier de citoyens et que la couronne ne peut lui ôter, est un des plus grands soutiens de la liberté publique, laquelle ne peut subsister, dans aucun pays, à moins que l'administration de la justice ne soit tout-à-fait séparée du pouvoir exécutif. Si la puissance législative avait aussi celle de l'administration de la justice, la vie, la liberté, et la propriété seraient également soumises à l'arbitraire des juges, lesquels pourraient diriger leurs jugemens, non d'après la loi, mais d'après leur opinion. Tout à la fois juges et législateurs, ils pourraient, comme législateurs, changer la loi; au lieu que, n'étant que juges, ils sont obligés de se renfermer dans les principes de la loi même. Si le pouvoir judiciaire était uni au pouvoir exécutif, il arriverait bientôt que la puissance exécutive ne serait plus balancée par la puissance législative.

Tome I⁰ʳ., chap. VII, pag. 390. *De l'Autorité royale.*

Dans un Etat libre, tout citoyen qui le compose doit, en quelque sorte, être son propre gouverneur; ainsi, il est juste qu'une branche, au moins, de la législation réside dans le peuple. Ce pouvoir, dans un petit Etat, où il est facile de connaître tous les citoyens, devrait être exercé par le peuple en corps, comme il fut sagement ordonné dans les petites républiques de la Grèce et dans le commencement de celle de Rome. Mais cet usage ne pourrait subsister si cet Etat étendait considérablement ses limites, et lorsque les citoyens multiplieraient en proportion. Après la guerre civile, tous les bourgeois d'Italie furent reçus citoyens de Rome, et chacun eut une voix dans les assemblées publiques. Il devint alors impossible de distinguer celui qui avait droit de donner sa voix de celui qui ne l'avait pas : la confusion et le tumulte qui, depuis cette époque, accompagnèrent toutes les élections et les délibérations populaires, frayèrent le chemin à Marius, Sylla, Pompée et César, pour fouler aux pieds la liberté de leur patrie, et détruire la république. Dans un Etat aussi considérable que le nôtre, on a donc très-sagement ordonné que le peuple agirait par ses représentans, étant impraticable qu'il le fît en personne, et que ces représentans fussent choisis dans différens petits districts, où il est aisé de connaître tous les électeurs. Voilà pourquoi les comtés sont représentés par des chevaliers élus par les propriétaires des terres : les cités, villes et bourgs, par des citoyens ou bourgeois, choisis par la partie commerçante de la nation, au moins par celle qui est censée l'être. Chaque membre, quoique choisi par un district particulier, dès qu'il est élu, devient l'homme de la nation entière. Car, le but de son entrée dans le parlement n'est pas particulier, mais général; il n'est pas uniquement pour les intérêts de ses constituans, mais pour ceux de la république même; il doit aider le roi de ses conseils : *De communi consilio super negotiis quibusdam arduis et urgentibus, regem, statum, et defensionem regni angliæ et ecclesiæ anglicanæ concernentibus.* C'est le style dans les ordres qu'on envoie pour les élections; ainsi il n'est pas obligé, comme un député des Provinces-Unies, de consulter ses constituans sur aucun point particulier, s'il ne juge pas à propos de le faire.

Tome I⁰ʳ., liv. I⁰ʳ., chap. II, pag. 230. *Du Parlement.*

La véritable raison qui fait qu'on exige certaines qualités

avoir droit de donner leur voix pour choisir le représentant, excepté ceux qui sont dans un tel état de bassesse, qu'ils sont réputés n'avoir pas de volonté propre.

Ibid.

Le corps des nobles doit être héréditaire. Il l'est premièrement par sa nature; et, d'ailleurs, il faut qu'il ait un très-grand intérêt à conserver ses prérogatives, odieuses par elles-mêmes, et qui, dans un Etat libre, doivent toujours être en danger.

Mais comme une puissance héréditaire pourrait être induite à suivre ses intérêts particuliers et à oublier ceux du peuple, il faut que, dans les choses où l'on a un souverain intérêt à la corrompre, comme dans les lois qui concernent la levée de l'argent, elle n'ait de part à la législation que par sa faculté d'empêcher et non par sa faculté de statuer.

J'appelle *faculté de statuer*, le droit d'ordonner par soi-même, ou de corriger ce qui a été ordonné par un autre. J'appelle *faculté d'empêcher*, le droit de rendre nulle une résolution prise par quelqu'autre; ce qui était la puissance des tribuns de Rome. Et quoique celui qui a la faculté d'empêcher puisse avoir aussi le droit d'approuver; pour lors, cette approbation n'est autre chose qu'une déclaration qu'il ne fait point d'usage de sa faculté d'empêcher, et dérive de cette faculté.

Liv. xi, chap. 6. *De la Constitution d'Angleterre.*

Si le corps législatif était un temps considérable sans être assemblé, il n'y aurait plus de liberté; car, il arriverait de deux choses l'une: ou qu'il n'y aurait plus de résolution législative, et l'Etat tomberait dans l'anarchie; ou que ces résolutions seraient prises par la puissance exécutrice, et elle deviendrait absolue. Il serait inutile que le corps législatif fût toujours assemblé, cela serait incommode pour les représentans, et d'ailleurs;

dans les électeurs, relativement aux biens qu'ils doivent posséder, est afin d'exclure ceux que la bassesse de leur état fait soupçonner de n'être pas dans le cas d'avoir une volonté à eux. Si des personnes de cette espèce donnaient leurs voix dans les élections, elles pourraient être tentées de n'en disposer que pour leurs propres intérêts. Les hommes puissans, riches, ou adroits, auraient alors dans les élections une influence incompatible avec la liberté générale qui doit y régner. S'il était possible que chacun donnât sa voix librement sans être déterminé par les autres, alors, d'après la vraie théorie et les justes principes de la liberté, tout membre de la communauté, quelque pauvre qu'il fût, ne donnerait son suffrage qu'à ceux à qui il croirait pouvoir confier son bien, sa liberté et sa vie. Mais, comme on ne peut pas s'attendre à cela de la part de ceux qui vivent dans l'indigence, ou immédiatement sous la domination d'autrui, tous les gouvernemens populaires ont été obligés d'établir certaines qualités requises, et d'exclure, par un réglement précis, ceux qui peuvent être raisonnablement soupçonnés de n'avoir pas de volonté libre. Par là, on a mis une plus grande égalité entre ceux dont les volontés sont censées être indépendantes de celles des autres.

Ibid., pag. 244.

A l'égard des taxes, c'est un privilège ancien, un droit incontestable de la chambre des communes, que tous les dons, subsides, ou aides parlementaires, soient proposés dans cette chambre; que ce soit elle qui les accorde la première, quoiqu'ils ne puissent avoir leur véritable effet qu'après qu'ils sont revêtus de l'approbation des deux autres branches de la législation. Le motif de ce privilège exclusif de la chambre des communes, est que, les subsides étant levés sur les peuples, il est juste qu'ils aient seuls le droit de se taxer eux-mêmes. Et cette raison serait sans réplique, si les communes ne se taxaient qu'elles seules. Il est cependant notoire que les pairs possèdent des biens très-considérables, et que ces mêmes biens sont également sujets à être taxés comme ils le sont en effet, ainsi que ceux des communes. D'où il résulte que les communes n'étant pas les seules personnes taxées, la raison que nous venons de rapporter ne saurait leur donner le droit exclusif de lever et d'imaginer des impôts. La vraie raison fondée dans l'esprit de la constitution, paraît donc être celle-ci: que les pairs étant un corps permanent, héréditaire, et créé par la volonté du roi, ils sont censés être plus sujets à l'influence de la couronne, et à fléchir sous cette influence beaucoup plus que les communes, qui sont un corps électif, formé par le libre choix du peuple, et ne devant durer qu'un certain temps. Il serait donc très-dangereux d'accorder aux lords quelque pouvoir pour former des taxes: il suffit qu'ils aient le droit de rejeter les dons accordés par les communes, lorsqu'ils leur paraissent ou trop forts ou trop faibles. Mais les communes sont, avec raison, si jalouses de leur prérogative, qu'elles ne peuvent souffrir que l'autre chambre exerce d'autre pouvoir à l'égard des bills de finance que celui de les rejeter, et qu'elles ne permettent pas aux pairs d'y faire le moindre changement ou correction.

Ibid., pag. 241, 242 et 243.

Si le parlement ne pouvait être prorogé et dissous que par lui-même, il pourrait devenir perpétuel, et cela serait très-dangereux; attendu qu'il pourrait chercher à empiéter sur la puissance exécutrice: ce qui est malheureusement arrivé sous l'infortuné Charles Ier., qui après avoir inconsidérément laissé passer un acte pour la continuation du parlement jusqu'à ce qu'il plût à ce corps de se dissoudre lui-même, devint enfin victime de la puissance extraordinaire qu'il lui avait occuperait trop la puissance exécutrice, qui ne penserait pas à exécuter, mais à défendre ses prérogatives et le droit qu'elle a d'exécuter.

De plus, si le corps législatif était continuellement assemblé, il pourrait arriver que l'on ne ferait que suppléer de nouveaux députés à la place de ceux qui mourraient; et, dans ce cas, si le corps législatif était une fois corrompu, le mal serait sans remède. Lorsque divers corps législatifs se succèdent les uns aux autres, le peuple, qui a mauvaise opinion du corps législatif actuel, porte avec raison ses espérances sur celui qui viendra après; mais, si c'était toujours le même corps, le peuple, le voyant une fois corrompu, n'espérerait plus rien de ses lois; il deviendrait furieux ou tomberait dans l'indolence.

Le corps législatif ne doit point s'assembler lui-même; car un corps n'est censé avoir de volonté que lorsqu'il est assemblé; et, s'il ne s'assemblait pas unanimement, on ne saurait dire quelle partie serait véritablement le corps législatif, celle qui serait assemblée, ou celle qui ne le serait pas. Que s'il avait droit de se proroger lui-même, il pourrait arriver qu'il ne se prorogerait jamais, ce qui serait dangereux dans le cas où il voudrait attenter contre la puissance exécutrice. D'ailleurs, il y a des temps plus convenables les uns que les autres pour l'assemblée du corps législatif. Il faut donc que ce soit la puissance exécutrice qui règle le temps de la tenue et de la durée de ces assemblées, par rapport aux circonstances qu'elle connaît.

Ibid.

Les grands sont toujours exposés à l'envie; et s'ils étaient jugés par le peuple, ils pourraient être en danger, et ne jouiraient pas du privilège qu'a le moindre des citoyens, dans un Etat libre, d'être jugé par ses pairs. Il faut donc que les nobles soient appelés, non pas devant les tribunaux ordinaires de la nation, mais devant cette partie du corps législatif qui est composée de nobles.

Ibid.

Il pourrait arriver que quelque citoyen, dans les affaires publiques, violerait les droits du peuple, et ferait des crimes que les magistrats établis ne sauraient ou ne voudraient pas punir. Mais, en général, la puissance législative ne peut pas juger; et, elle le peut en-

accordée. Il est donc très-nécessaire que le prince ait le pouvoir de régler la durée de ces assemblées, sous les limitations prescrites par la constitution anglaise, afin que, d'une part, elles puissent être souvent et régulièrement convoquées pour accélérer les affaires et pour redresser les griefs; et que, de l'autre, elles ne puissent, même avec le consentement du roi, être continuées au-delà du temps convenable pour le bien de l'État et la sûreté de la constitution.

Un parlement peut être dissous de lui-même après un certain temps; car, si le corps législatif était perpétuel, ou si, comme autrefois, il pouvait durer aussi long-temps que la vie du prince qui l'assemble, en suppléant seulement aux places qui viendraient à vaquer par des nouveaux représentans, le mal deviendrait sans remède. Mais lorsque différens corps se succèdent les uns aux autres, si la conduite du corps présent déplaît au peuple, il peut voir rectifier ses fautes par une nouvelle assemblée: il est même sensible que les membres d'une assemblée législative sûre d'être un jour séparée (c'est-à-dire, dont les membres deviendront eux-mêmes des particuliers, et seront sujets à toute l'étendue des lois qu'ils ont faites pour les autres) se croiront obligés par l'intérêt personnel aussi bien que par le devoir, de ne faire que de bonnes lois.

Ibid., pag. 267, 268 et 269.

Le parlement est convoqué régulièrement par la lettre du roi, expédiée par la chancellerie, d'après l'avis du conseil privé, quarante jours au moins avant celui de son ouverture. C'est une branche de la prérogative royale, qu'aucun parlement ne puisse s'assembler de sa propre autorité, ou par toute autre que par celle du roi, et cette prérogative est très-bien fondée. Car, en supposant que le parlement eût le droit de s'assembler de sa propre autorité, sans être convoqué, il serait impossible de concevoir que tous les membres des deux chambres puissent être unanimement d'accord sur le temps et le lieu du rendez-vous. Or, si la moitié des membres s'assemblait, et que l'autre moitié s'absentât, qui pourrait alors déterminer lequel serait réellement le corps législatif, de la partie assemblée ou de la partie absente? Il est donc nécessaire que le parlement soit assemblé dans un temps et en un lieu fixes. Il est également de sa dignité et de son indépendance de ne pouvoir être convoqué que par l'une des parties qui le constituent: et des trois parties qui le composent, le roi, seul, est celui à qui ce droit puisse appartenir, en ce qu'il est une personne seule, dont, par conséquent, la volonté peut être uniforme et ferme; qu'il est la première personne de la nation et supérieure en dignité aux deux chambres, et, enfin, qu'il est la seule branche de la législation qui jouisse d'une existence séparée, et qui soit capable d'agir dans les temps où le parlement lui-même a cessé d'être.

Ibid., pag. 219.

Un gentilhomme doit être jugé par les pairs, parce que les grands étant ordinairement exposés à l'envie du peuple, il pourrait arriver que si leurs juges étaient de cette classe, on ne leur rendrait pas justice. D'ailleurs le droit d'être jugé par ses pairs, appartenant au plus vil des citoyens, comme au plus grand, celui-ci doit en jouir dans toute son étendue.

Tome II, chap. IV, pag. 96. *De l'État civil.*

En général, l'union des pouvoirs législatifs et judiciaires doit être soigneusement évitée; cependant, il peut arriver qu'un sujet, chargé de l'administration des affaires publiques puisse enfreindre les droits du peuple, et se trouve coupable de crimes qu'un magistrat ordinaire ne peut ou n'ose punir. Ces crimes core moins dans ce cas particulier, où elle représente la partie intéressée, qui est le peuple ; elle ne peut donc être qu'accusatrice. Mais, devant qui accusera-t-elle ? Ira-t-elle s'abaisser devant les tribunaux de la loi, qui lui sont inférieurs, et d'ailleurs, composés de gens qui, étant peuple comme elle, seraient entraînés par l'autorité d'un si grand accusateur ? Non : il faut, pour conserver la dignité du peuple et la sûreté du particulier, que la partie législative du peuple accuse devant la partie législative des nobles, laquelle n'a, ni les mêmes intérêts qu'elle, ni les mêmes passions. C'est l'avantage qu'a ce gouvernement sur la plupart des républiques anciennes, où il y avait cet abus, que le peuple était en même temps et juge et accusateur.

Ibid.

Voici la constitution fondamentale du gouvernement anglais. Le corps législatif y étant composé de deux parties, l'une enchaînera l'autre par sa faculté mutuelle d'empêcher. Toutes les deux seront liées par la puissance exécutrice, qui le sera elle-même par la législative.

Ces trois puissances devraient former un repos ou une inaction. Mais, comme, par le mouvement nécessaire des choses, elles sont contraintes d'aller, elles seront forcées d'aller de concert.

Ibid.

Les revenus de l'Etat sont une portion que chaque citoyen donne de son bien pour avoir la sûreté de l'autre ou pour en jouir agréablement.

Liv. XIII, chap. 1er, *Des Revenus de l'Etat.*

Les droits sur les marchandises sont ceux que les peuples sentent le moins, parce qu'on ne leur fait pas une demande formelle. Ils peuvent être si sagement ménagés, que le peuple ignorera presque qu'il les paye. Pour cela, il est d'une grande conséquence que ce soit celui qui vend la marchandise qui paye le droit. Il sait bien qu'il ne paye pas pour lui ; et l'acheteur qui, dans le fond, le paye, le confond avec le prix. Quelques auteurs ont dit que Néron avait ôté le droit du vingt-cinquième des esclaves qui se vendaient ; il n'avait pourtant fait qu'ordonner que ce serait le vendeur qui le paierait au lieu de l'acheteur : ce réglement, qui laissait tout l'impôt, parut l'ôter.

Liv. XIII, chap. VII, *Des tributs, dans les pays où l'esclavage de la glèbe n'est point établi.*

Pour que le prix de la chose et le droit puissent se confondre dans la tête de celui qui paye, il faut qu'il y ait quelque rapport entre la marchandise et l'impôt, et que, sur une denrée de peu de valeur, on ne mette

ne pouvant proprement être jugés par les représentans du peuple, ou membres de la chambre des communes, parce que leurs constituans sont les parties lésées ; dans quelle cour ces accusations seront-elles examinées ? Ce ne sera point par devant les tribunaux ordinaires, lesquels seraient naturellement dominés par l'autorité d'un accusateur si puissant. La raison dicte donc, que cette branche de législation qui représente le peuple, doit porter son accusation par devant l'autre branche qui est composée de la noblesse, laquelle n'a pas les mêmes intérêts, ni les mêmes passions que les assemblées du peuple. Telle est la grande supériorité que la constitution de cette île a sur les républiques des Grecs et des Romains, où le peuple était tout à la fois accusateur et juge. Il convient donc que ce soit la noblesse qui juge, pour assurer la justice aux accusés ; et il est à propos que l'accusation se fasse par le peuple, pour assurer la justice due à la république.

Tome VI, chap. XIX, pag. 212 et 213. *Des cours de Juridiction criminelle.*

C'est en quoi consiste la véritable excellence du gouvernement anglais, que les parties qui le composent se tiennent mutuellement en échec dans la législation. Le peuple est un frein pour la noblesse, et la noblesse pour le peuple, par le privilège mutuel que chacun a de rejeter ce que l'autre propose : tandis que le roi, en tenant en échec les deux parties, défend la puissance exécutrice contre toute espèce d'usurpation...... C'est ainsi que toutes les branches de notre gouvernement civil se soutiennent et se dirigent mutuellement. Car, l'intérêt personnel faisant agir la prérogative royale et les deux chambres, chacune, de leur côté, elles se contiennent réciproquement dans les bornes qui leur conviennent, et leur union est assurée par le roi, qui partage, à la fois, la législation, et a seul le pouvoir exécutif. De même qu'en mécanique, toute machine mue par trois différens ressorts d'égale force, mais dans trois directions différentes, a un mouvement composé et une marche commune vers ces directions ; de même, les trois branches de la législation, quoiqu'agitées par des passions contraires, se réunissent pour former le bonheur et assurer la liberté de l'Etat.

Tome Ier., liv. Ier., chap. II, pag. 224 et 225. *Du Parlement.*

Les revenus du Roi sont composés de la partie de sa propriété que chaque particulier donne pour assurer la conservation des autres.

Tome Ier., liv. Ier., chap. VIII, pag. 407. *Des Revenus du Roi.*

Ces droits (de tonnage et poundage) sont payés d'abord par le marchand, mais ensuite par le consommateur ; et c'est cependant la nature d'impôts la moins à charge au peuple, qui même croit ne pas les payer. C'est une avance que fait le marchand qui, dans le vrai, n'en doit pas supporter le poids. Car, en le joignant au prix réel de la marchandise, celui qui la vend fait que l'acheteur ne s'apperçoit pas qu'on lui en fait faire le remboursement. Tacite observe que Néron, en faisant payer aux vendeurs la taxe sur les esclaves, que payait l'acheteur, acquit la réputation d'avoir supprimé la taxe : remissum magis specie, quam re ; quia cùm venditor pendere juberetur, in partem pretii emptoribus accrescebat. Cependant, on ne peut disconvenir que ces impôts ne portent sur le commerce, surtout si la marchandise étant de peu de valeur, on ne proportionne pas l'impôt à sa modicité. C'est même alors qu'il se commet beaucoup de fraudes, qui, pourtant tournent à l'avantage de la douane par les confiscations qu'elles engendrent. Car, si le marchand trouve qu'il risque moins en perdant sa marchandise qu'en payant l'impôt, il n'hésite guères à prendre le pas un droit excessif. Il y a des pays où le droit excède de dix-sept fois la valeur de la marchandise......

La fraude étant, dans ce cas, très-lucrative, la peine naturelle, celle que la raison demande, qui est la confiscation de la marchandise, devient incapable de l'arrêter; d'autant plus que cette marchandise est, pour l'ordinaire, d'un prix très-vil. Il faut donc avoir recours à des peines extravagantes et pareilles à celles que l'on inflige pour les plus grands crimes. Toute la proportion des peines est ôtée. Des gens, qu'on ne saurait regarder comme des hommes méchans, sont punis comme des scélérats, ce qui est la chose du monde la plus contraire à l'esprit du gouvernement modéré.

Liv. XIII, chap. VIII. *Comment on conserve l'illusion.*

Nous parlerons, en passant, d'un impôt établi dans quelques Etats sur les diverses clauses des contrats civils. Il faut, pour se défendre du traitant, de grandes connaissances; ces choses étant sujettes à des discussions subtiles. Pour lors, le traitant, interprète des réglemens du prince, exerce un pouvoir arbitraire sur les fortunes. L'expérience a fait voir qu'un impôt sur le papier sur lequel le contrat doit s'écrire vaudrait beaucoup mieux.

Liv. XIII, chap. IX. *D'une mauvaise sorte d'impôt.*

On ne croirait jamais que c'eût été la pitié qui eût établi l'esclavage, et que, pour cela, elle s'y fût prise de trois manières.

Le droit des gens a voulu que les prisonniers fussent esclaves pour qu'on ne les tuât point. Le droit civil des Romains permit à des débiteurs, que leurs créanciers pouvaient maltraiter, de se vendre eux-mêmes; et le droit naturel a voulu que des enfans qu'un père esclave ne pouvait plus nourrir, fussent dans l'esclavage comme leur père.

Ces raisons des jurisconsultes ne sont point sensées : 1°. il est faux qu'il soit permis de tuer dans la guerre, autrement que dans le cas de nécessité; mais dès qu'un homme en a fait un autre esclave, on ne peut pas dire qu'il ait été dans la nécessité de le tuer, puisqu'il ne l'a pas fait. Tout le droit que la guerre peut donner sur les captifs, est de s'assurer tellement de leur personne qu'ils ne puissent plus nuire. Les homicides faits de sang froid par les soldats et après la chaleur de l'action, sont rejetés de toutes les nations du monde.

2°. Il n'est pas vrai qu'un homme libre puisse se vendre. La vente suppose un prix; l'esclave se vendant, tous ses biens rentreraient dans la propriété du maître; le maître ne donnerait donc rien, et l'esclave ne donnerait rien. Il aurait un pécule, dira-t-on; mais ce pécule est nécessaire à la personne. S'il n'est pas permis de se tuer, parce qu'on se dérobe à sa patrie, il n'est pas plus permis de se vendre; la liberté de chaque citoyen est une partie de la liberté publique. Cette qualité, dans l'Etat populaire, est même une partie de la souve-

parti d'en frauder les droits : c'est ce qui avait fait mettre en délibération, si, pour prévenir la fraude, on n'infligerait pas de peines capitales au fraudeur. Mais ce serait ne plus conserver de proportion entre la peine et l'offense, et traiter avec la même rigueur celui qui commettrait une légère faute, et celui qui se rendrait coupable d'un homicide.

Tome Ier., pag. 459. Ibid.

Le droit du timbre forme une branche du revenu perpétuel du Roi. C'est une taxe imposée sur tout le parchemin et le papier qui sert aux actes de tout genre, ou publics, ou particuliers, judiciaires ou extrajudiciaires..... C'est un impôt qui, quoiqu'il paraisse onéreux à certains égards puisqu'il augmente les frais des procédures soit mercantiles, soit légales, ne laisse pas, lorsqu'il est régi avec modération, d'être utile au public en général. Il rend les actes particuliers plus authentiques, et il empêche les fraudes et les faux actes qu'il rend plus difficiles à fabriquer. Les officiers préposés à cette branche de revenu, varient fréquemment leurs timbres par des marques imperceptibles à tout autre qu'à eux...... En France et dans quelques autres pays, l'impôt est mis sur le contrat même et non sur l'instrument du contrat. Mais cette manière d'imposer est la source d'une multitude de difficultés et de procès, tant sur la nature du contrat que pour savoir s'il peut être taxé ou non; et le fermier a presque toujours l'avantage dans ces sortes de différends.

Ibid., pag. 467.

J'ai observé que l'esclavage proprement dit, ne peut subsister en Angleterre, et j'entends par l'esclavage un pouvoir absolu et illimité qu'exercerait le maître sur la vie et la fortune de son domestique; pouvoir contraire à la raison et à tout principe de loi naturelle. Ceux sur lesquels Justinien a fondé le droit d'esclavage, sont totalement faux. Premièrement, il l'établit sur le droit des nations, *Jure gentium*; de manière que les prisonniers faits à la guerre étaient esclaves de ceux qui les prenaient: *mancipia, quasi manu capti.* Le vainqueur, disaient les jurisconsultes, ayant droit sur la vie de son captif, avait celui de s'emparer de sa personne et d'en disposer comme il le jugeait à propos. Suivant la loi de la nature et des nations, ce droit n'appartient point aux vainqueurs; car, aucun homme ne peut tuer son ennemi, que dans le cas d'une nécessité absolue et pour sa propre défense. Or, le vainqueur, ayant en sa puissance son prisonnier et n'en ayant rien à craindre, ne peut disposer de sa vie. La guerre elle-même ne peut être légitimée que par le motif de notre propre conservation; par conséquent, elle ne donne point d'autre droit sur les prisonniers, que celui de les mettre dans l'impossibilité de nuire, en s'emparant de leur personne. Mais quand la guerre est terminée, le droit de tuer, de piller, et de faire des prisonniers, ne peut plus subsister; parce que tous ces actes de violence seraient sans motifs. On établit secondement que l'esclavage *jure civili*, c'est-à-dire, quand un homme se vend à un autre avec lequel il fait, pour ainsi dire, un contrat par lequel il s'engage de le servir et de travailler pour lui, devient légitime. Mais ceci ne doit point être entendu dans le sens des lois romaines, ni dans celui de la pratique des siècles de barbarie. Toute vente suppose un prix ou un équivalent donné au vendeur pour raineté. Vendre sa qualité de citoyen, est un acte d'une telle extravagance, qu'on ne peut pas la supposer dans un homme. Si la liberté a un prix pour celui qui l'achète, elle est sans prix pour celui qui la vend. La loi civile, qui a permis aux hommes le partage des biens, n'a pu mettre au nombre des biens, une partie des hommes qui devaient faire ce partage. La loi civile, qui restitue sur les contrats qui contiennent quelque lésion, ne peut s'empêcher de restituer contre un accord qui contient la plus énorme de toutes.

La troisième manière, c'est la naissance. Celle-ci tombe avec les deux autres; car, si un homme n'a pu se vendre, encore moins a-t-il pu vendre son fils qui n'était pas né: si un prisonnier de guerre ne peut être réduit en servitude, encore moins ses enfans.

Liv. XV, chap. II. Origine du droit de l'esclavage chez les Jurisconsultes romains.

Les lois politiques demandent que tout homme soit soumis aux tribunaux criminels et civils du pays où il est, et à l'animadversion du souverain.

Le droit des gens a voulu que les princes s'envoyassent des ambassadeurs, et la raison, tirée de la nature de la chose, n'a pas permis que ces ambassadeurs dépendissent du souverain, chez qui ils sont envoyés ni de ses tribunaux. Ils sont la parole du prince qui les envoie, et cette parole doit être libre. Aucun obstacle ne doit les empêcher d'agir. Ils peuvent souvent déplaire, parce qu'ils parlent pour un homme indépendant. On pourrait leur imputer des crimes, s'ils pouvaient être punis pour des crimes; on pourrait leur supposer des dettes, s'ils pouvaient être arrêtés pour des dettes. Un prince qui a une fierté naturelle, parlerait par la bouche d'un homme qui aurait tout à craindre. Il faut donc suivre, à l'égard des ambassadeurs, les raisons tirées du droit des gens, et non pas celles qui dérivent du droit politique. Que s'ils abusent de leur être représentatif, on le fait cesser en les renvoyant chez eux: on peut même les accuser devant leur maître, qui devient, par-là, leur juge, ou leur complice.

Liv. XXVI, chap. XXI. Qu'il ne faut pas décider par les lois politiques les choses qui appartiennent au droit des gens.

La monnaie est un signe qui représente la valeur de toutes les marchandises. On prend quelque métal, pour que le signe soit durable, qu'il se consomme peu par l'usage, et que, sans se détruire, il soit capable de beaucoup de divisions. On choisit un métal précieux, pour que le signe puisse aisément se transporter. Un métal est très-propre à être une mesure commune, parce qu'on peut aisément le réduire au même titre. Chaque Etat y met son empreinte, afin que la forme réponde du titre et du poids, et que l'on connaisse l'un et l'autre par la seule inspection.

Liv. XXII, chap. II. De la nature de la monnaie.

ce qu'il transfère à l'acheteur. Cela étant, quel serait l'équivalent de la vie et de la liberté d'un homme? Et d'ailleurs, cet esclave pourrait-il lui-même disposer de sa vie et de sa liberté? Le prix même qui lui en serait donné ne tomberait-il pas dans la propriété du maître? Conséquemment le marché doit être nul, parce que le vendeur ne donne rien, et que l'acheteur ne reçoit rien. C'est du principe que nous venons de rapporter que dérive aussi l'hérédité de l'esclavage. Car si les esclaves étaient acquis, *jure naturæ*, on pourrait dire de ceux qui naîtraient d'eux, *servi nascuntur*; ce qui n'a pas un fondement plus légitime que l'esclavage absolu en lui-même. Car, il est très-sûr que si le père ne peut y être soumis sans que la loi de la nature soit blessée, et sans révolter la raison, sa postérité ne peut pas plus éprouver le sort que l'une et l'autre condamnent.

Tome II, chap. VI, pag. 129 et 130. Du Maître et du Domestique.

Le roi, comme seul représentant du peuple, a le pouvoir d'envoyer des ambassadeurs aux princes étrangers, et d'en recevoir d'eux. Cela nous donne occasion d'examiner ici de quelle nature et de quelle étendue est la protection que le roi accorde chez nous aux ambassadeurs étrangers considérés comme représentant leurs maîtres, et qui ne doivent reconnaître d'autres lois que celles de leur pays, et non celles du pays où résident leurs ambassadeurs. Conséquemment ces ambassadeurs, comme représentant leurs maîtres, doivent jouir de la même indépendance. Mais s'ils offensent grossièrement les lois de la nation chez laquelle ils exercent leurs fonctions, alors ils doivent être renvoyés à leurs maîtres, qui sont obligés de donner satisfaction à la nation à laquelle ils ont manqué. S'ils ne le font pas, c'est en avouant leur ambassadeur, avouer sa faute......

Tome Ier., liv Ier., chap. VII, pag. 366 et 367. De l'Autorité royale.

Quant aux affaires civiles, tous les jurisconsultes étrangers décident que, ni un ambassadeur, ni personne de sa suite, ne peuvent être poursuivis pour dettes devant les tribunaux du pays dans lequel ils résident.

Ibid., pag. 369.

L'argent étant intermédiaire, et la loi l'arbitre du commerce intérieur, c'est au roi à établir le cours et à déterminer la valeur de l'argent. C'est d'après cette valeur, que celle des marchandises est fixée. Il est aussi un signe représentatif de la valeur de toutes les choses commerçables; et, si l'on a préféré de former ce signe avec des métaux, c'est que leur solidité les rend plus durables, et qu'ils peuvent se diviser en plusieurs parties, afin de former des signes représentatifs de différentes valeurs. Dans le choix des métaux, on a préféré le plus précieux pour faciliter le transport. Le métal est plus propre que toute autre chose pour une mesure commune, parce qu'il peut être réduit à la même règle pour toutes les nations. Chacune d'elles peut régler le poids, la forme et les signes représentatifs; et, c'est d'après ce qu'elles ont déterminé, qu'on peut juger de leur valeur idéale. Mais quant à la valeur réelle et intrinsèque, ce n'est que par l'inspection des signes mêmes qu'on peut la déterminer.

Ibid., pag. 401.

FIN.